일본인을 위한
日本人のための

여보세요 もしもし 한국어(Ⅱ) ハンクッオ

▸한글초급(ハングル初級)
▸한국관광(ハンクックァングァン)

金慶淑 著

南斗圖書

남두(南斗) : 남두육성(南斗六星)

은하의 중심인 사수자리에 있는 국자모양의 여섯 개의 별로서, 인간의 탄생을 결정하는 별로 알려져 있다.

머리말

요즈음과 같이 문화교류가 활발한 시대에 있어 한국은 예로부터 일본과 가까운 나라로 밀접한 관계를 유지하면서 많은 이들이 한국을 오고 갔습니다. 이에 한국에 대한 관심이 점점 높아져, 한국어를 배우는 학생들은 물론 많은 이들이 한국어를 익히려고 하고 있습니다.

그래서 이 교재는 학생들은 물론 어떤 일에 종사하는 한글 초심자라도 입문에서 고급까지의 코스를 체계적으로 익힐 수 있도록 하였으며, 혼자서도 글을 쓰고 읽을 수 있도록 (Ⅰ) 한글입문·한국생활, (Ⅱ) 한글초급·한국관광으로 구성하였습니다.

이 책 1부는 한글문자를 중심으로 단어읽기와 쓰기와 문장구성, 회화를 할 수 있도록 하였으며, 흔히 쓰는 단어, 한국어를 배우고자 하는 이가 반드시 알아두어야 할 단어, 외국인이 한국관광시 꼭 필요한 단어들을 각 항목별로 나누어 익히도록 하였습니다.

2부는 외국인이 한국관광을 하는 데 도움이 되는 표현을 장면 중심으로 읽고 표현할 수 있도록 배려하였습니다. 예를 들면 교통, 숙박, 식사, 쇼핑, 관광 등, 학습자를 위해 도움이 되는 표현을 마련하여 혼자서도 손쉽게 익히도록 하였습니다.

여러 가지로 부족한 점이 많으나 이 교재가 한국어 학습자의 좋은 길잡이가 되었으면 합니다. 또한 이 책이 출간되기까지 여러 가지로 지원을 아끼지 않으신 일본의 벳부대학 니시무라 이사장님과 한국의 남두도서 남승우 사장님께도 감사드립니다.

金慶淑

序・言

以前にも増して、文化交流が活発な韓国と日本は密接な関係を維持しながら多くの人々が両国間を往来している。更に、日本人の韓国に対する関心がだんだん増しており、韓国語を学ぶ学生だけでなく、その他多くの人々も韓国語を学ぼうとしています。

この本は韓国語を学んでいる学生だけでなく、どの職業の方でも、入門者から高級者に至るまで韓国語を体系的に身につけられるように、独学者でもハングルを書け、読めるように編集されたものであります。

この教材は(Ⅰ)ハングル入門・ハンクッセンファル,(Ⅱ)ハングル初級・ハンクックァングァンで構成されています。

1部は基本的なハングル文字と発音を中心として綴り母音字19字あわせて40字を素早く暗記できるように、そして書く練習もできるように構成しました。

発音を正確に区別することにより単語・文章・会話の力も伸びますので基本文字の読み書きの正確度に重点を置き、尽力しました。

本書はハングルの読み方にカタカナで発音記号を入れて、学習者が一人でも学ぶことができるようにしました。

2部は、初めて韓国語を学ぶ人が理解しやすいように、簡単な内容を短い観光の会話文にまとめました。つまり基本表現を頭に入れてから、観光会話文に進めるようになっています。また、観光のいろんな場面の絵を添付して、会話を自然に覚えるのに役に立つようにしました。例えば 交通、宿泊、食事、ショッピング、観光など 観光のいろんな場面を分けてトルいて学習者が一人でも希望通りに韓国観光の学習がマスタできるように構成しました。

最後に、本書には足りない点も多いと思いますが、韓国語学習者の方々にとって少しでもお役に立てれば幸いです。

また、本書が出版されるにあたって多大な支援をして下さった別府大学西村駿一理事長及び、韓国の 南斗図書 南升祐社長に対して感謝の意を表します。

金慶淑

目・次

제1부

한글초급(ハングル初級)

제1장 한글 읽기(ハングルの読み方)

제2장 낱말 연습(単語練習)

제2부

한국관광(ハンクックァングァン)

제3장 입국イップクッ(入国)

제4장 교통キョトン(交通)

第5장 숙박スッパック(宿泊)

第6장 레스토랑レストラン

第7장 쇼핑ショピング

제8장 관광クァングァン(観光)

부 록

제1부

한글초급

(ハングル初級)

제1장　한글 읽기(ハングルの読み方)

제2장　낱말 연습(単語練習)

제1장

ハングル　イルキ

한글 읽기

(ハングルの読み方)

モ ウン

1. 모 음(母音)

ㅏ (a)	ㅑ (ya)	ㅓ (eo)	ㅕ (yeo)	ㅗ (o)
ㅛ (yo)	ㅜ (u)	ㅠ (yu)	ㅡ (eu)	ㅣ (i)
ㅐ (ae)	ㅒ (yae)	ㅔ (e)	ㅖ (ye)	ㅘ (wa)

ㅙ (wae)	ㅚ (oe)	ㅝ (wo)	ㅞ (we)	ㅟ (wi)	ㅢ (ui)

チャ ウン

2. 자 음(子音)

ㄱ (g,k)	ㄴ (n)	ㄷ (d,t)	ㄹ (r,l)	ㅁ (m)	ㅂ (b,p)	ㅅ (s)
ㅇ (ng)	ㅈ (j)	ㅊ (ch)	ㅋ (k)	ㅌ (t)	ㅍ (p)	ㅎ (h)

キョンチャウン

3. 겹자음(濃音)

ㄲ (gg)	ㄸ (dd)	ㅃ (bb)	ㅆ (ss)	ㅉ (jj)

ヂャウン　　モウン
4. 자음＋모음(子音＋母音)

	(k/g) ㄱ	(n) ㄴ	(t/d) ㄷ	(r/l) ㄹ	(m) ㅁ	(p/b) ㅂ
ㅏ(a) ア	가(ka) カ	나(na) ナ	다(da) ダ	라(ra) ラ	마(ma) マ	바(ba) パ
ㅑ(ya) ヤ	갸(kya) キャ	냐(nya) ニャ	댜(tya) ティャ	랴(rya) りャ	먀(mya) ミャ	뱌(bya) ピャ
ㅓ(ɔ) オ	거(kɔ) コ	너(nɔ) ノ	더(tɔ) ト	러(rɔ) ロ	머(mɔ) モ	버(bɔ) ポ
ㅕ(yɔ) ヨ	겨(kyɔ) キョ	녀(nyɔ) ニョ	뎌(tyɔ) ティョ	려(ryɔ) リョ	며(myɔ) ミョ	벼(byɔ) ピョ
ㅗ(o) オ	고(ko) コ	노(no) ノ	도(to) ト	로(ro) ロ	모(mo) モ	보(bo) ポ
ㅛ(yo) ヨ	교(kyo) キョ	뇨(nyo) ニョ	됴(tyo) ティョ	료(ryo) リョ	묘(myo) ミョ	뵤(byo) ピョ
ㅜ(u) ウ	구(ku) ク	누(nu) ヌ	두(tu) トゥ	루(ru) ル	무(mu) ム	부(bu) プ
ㅠ(yu) ユ	규(kyu) キュ	뉴(nyu) ニュ	듀(tyu) ティュ	류(ryu) リュ	뮤(myu) ミュ	뷰(byu) ピュ
ㅡ(ɯ) ウ	그(kɯ) ク	느(nɯ) ヌ	드(tɯ) トゥ	르(rɯ) ル	므(mɯ) ム	브(bɯ) プ
ㅣ(i) イ	기(ki) キ	니(ni) ニ	디(ti) ティ	리(ri) リ	미(mi) ミ	비(bi) ピ

(s/ʃ) ㅅ	(ゼロ/ɦ) ㅇ	(ʧ/ʤ) ㅈ	(ʧh) ㅊ	(kh) ㅋ	(th) ㅌ	(ph) ㅍ	(h) ㅎ
사(sa) サ	아(a) ア	자(ʧa) ヂャ	차(ʧha) チャ	카(kha) カ	타(tha) タ	파(pha) パ	하(ha) ハ
샤(ʃa) シャ	야(ya) ヤ	쟈(ʧa) ヂャ	챠(ʧha) チャ	캬(khya) キャ	탸(thya) ティャ	퍄(phya) ピャ	햐(hya) ヒャ
서(sɔ) ソ	어(ɔ) オ	저(ʧɔ) ヂョ	처(ʧhɔ) チョ	커(khɔ) コ	터(thɔ) ト	퍼(phɔ) ポ	허(hɔ) ホ
셔(ʃɔ) ショ	여(yɔ) ヨ	져(ʧɔ) ヂョ	쳐(ʧhɔ) チョ	켜(khyɔ) キョ	텨(thyɔ) ティョ	펴(phyɔ) ピョ	혀(hyɔ) ヒョ
소(so) ソ	오(o) オ	조(ʧo) ヂョ	초(ʧho) チョ	코(kho) コ	토(tho) ト	포(pho) ポ	호(ho) ホ
쇼(ʃo) ショ	요(yo) ヨ	죠(ʧo) ヂョ	쵸(ʧho) チョ	쿄(khyo) キョ	툐(thyo) ティョ	표(phyo) ピョ	효(hyo) ヒョ
수(su) ス	우(u) ウ	주(ʧu) ヂュ	추(ʧhu) チュ	쿠(khu) ク	투(thu) トゥ	푸(phu) プ	후(hu) フ
슈(ʃu) シュ	유(yu) ユ	쥬(ʧu) ヂュ	츄(ʧhu) チュ	큐(khyu) キュ	튜(thyu) ティュ	퓨(phyu) ピュ	휴(hyu) ヒュ
스(sɯ) ス	으(ɯ) ウ	즈(ʧɯ) ヂュ	츠(ʧhɯ) チュ	크(khɯ) ク	트(thɯ) トゥ	프(phɯ) プ	흐(hɯ) フ
시(ʃi) シ	이(i) イ	지(ʧi) ヂ	치(ʧhi) チ	키(khi) キ	티(thi) ティ	피(phi) ピ	히(hi) ヒ

ヂャウン　イヂュンモウン
5. 자음+이중모음(子音+二重母音)

	ㅐ(ae)	ㅒ(yae)	ㅔ(e)	ㅖ(ye)	ㅘ(wa)	ㅙ(wae)	ㅚ(oe)	ㅝ(wo)	ㅞ(we)	ㅟ(wi)	ㅢ(ui)
ㄱ(g/k)	개	걔	게	계	과	괘	괴	궈	궤	귀	긔
ㄴ(n)	내	냬	네	녜	놔	놰	뇌	눠	눼	뉘	늬
ㄷ(t/d)	대	댸	데	뎨	돠	돼	되	둬	뒈	뒤	듸
ㄹ(r/l)	래	럐	레	례	롸	뢔	뢰	뤄	뤠	뤼	릐
ㅁ(m)	매	먜	메	몌	뫄	뫠	뫼	뭐	뭬	뮈	믜
ㅂ(p/b)	배	뱨	베	볘	봐	봬	뵈	붜	붸	뷔	븨
ㅅ(s/ʃ)	새	섀	세	셰	솨	쇄	쇠	숴	쉐	쉬	싀
ㅇ(ɦ)	애	얘	에	예	와	왜	외	워	웨	위	의
ㅈ(ʧ/ʤ)	재	쟤	제	졔	좌	좨	죄	줘	줴	쥐	즤
ㅊ(ʧh)	채	챼	체	쳬	촤	쵀	최	춰	췌	취	츼
ㅋ(kh)	캐	컈	케	켸	콰	쾌	쾨	쿼	퀘	퀴	킈
ㅌ(th)	태	턔	테	톄	톼	퇘	퇴	퉈	퉤	튀	틔
ㅍ(ph)	패	퍠	페	폐	퐈	퐤	푀	풔	풰	퓌	픠
ㅎ(h)	해	햬	헤	혜	화	홰	회	훠	훼	휘	희

キョンヂャウン　モウン
6. 겹자음+모음(キョンヂャウン+母音)

	ㄲ(gg)	ㄸ(dd)	ㅃ(bb)	ㅆ(ss)	ㅉ(jj)
ㅏ(a)	까	따	빠	싸	짜
ㅑ(ya)	꺄	땨	뺘	쌰	쨔
ㅓ(eo)	꺼	떠	뻐	써	쩌
ㅕ(yeo)	껴	뗘	뼈	쎠	쪄
ㅗ(o)	꼬	또	뽀	쏘	쪼
ㅛ(yo)	꾜	뚀	뾰	쑈	쬬
ㅜ(u)	꾸	뚜	뿌	쑤	쭈
ㅠ(yu)	뀨	뜌	쀼	쓔	쮸
ㅡ(eu)	끄	뜨	쁘	쓰	쯔
ㅣ(i)	끼	띠	삐	씨	찌

제2장

ナンマル　ヨンスプ

낱말 연습

(単語練習)

1. 거리의 풍경[街の風景] 익히기 · 쓰기 연습

ゴリウィ プンギョン

ゴンジャン
공장(工場)

공장	공장	

テクシー
택시(タクシ)

택시	택시	

ヨンファグァン
영화관(映画館)

영화관	영화관	

ヨク

역（駅）

역	역	

チェ ソ カ ゲ

채소가게（八百屋）

채소가게	채소가게

ムン グ ジョム

문구점（文房具屋）

문구점	문구점

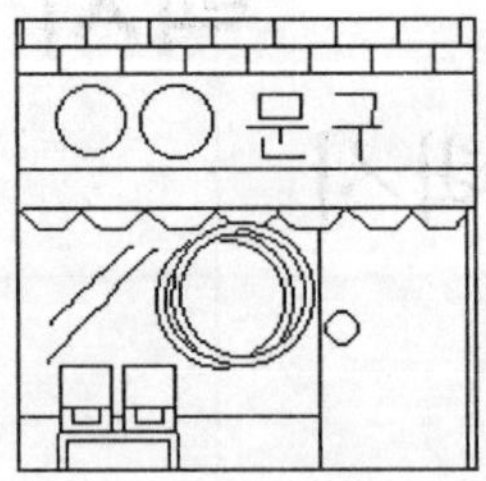

センソン カ ゲ

생선가게（魚屋）

생선가게	생선가게

ジュテク
주택(住宅)

주택	주택	

ベッグァジョム
백화점(デパート)

백화점	백화점	

ゴンウォン
공원(公園)

공원	공원	

ゲ イム セン タョ
게임센터(ゲーセン)

게임센터	게임센터

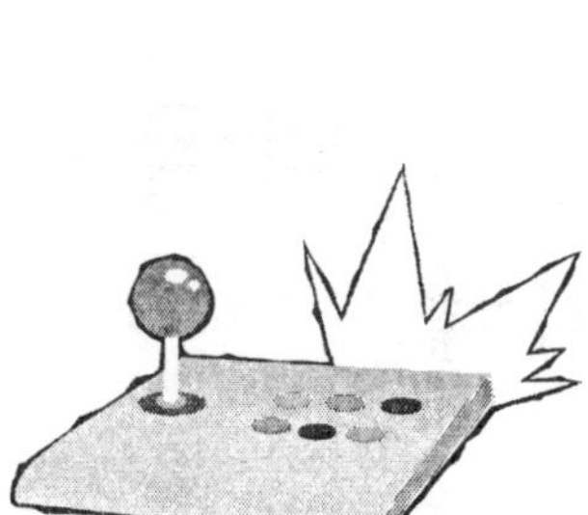

ヂョル
절(寺)

절	절	

ヂョンチョル
전철(電車)

전철	전철	

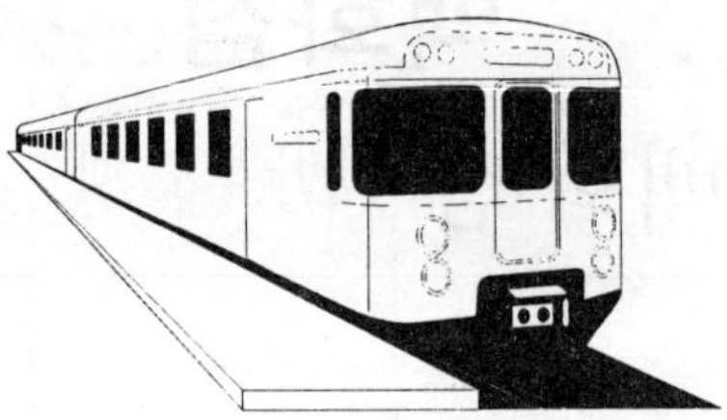

ボ ス
버스(バス)

버스	버스	

ヤッグク
약국(薬屋)

약국	약국	

2. 거리(ゴリ)[街] 익히기 · 쓰기 연습

ゴ ソクドォ ロ
고속도로(高速道路)

고속도로	고속도로

ソ バン ソ
소방서(消防署)

소방서	소방서	

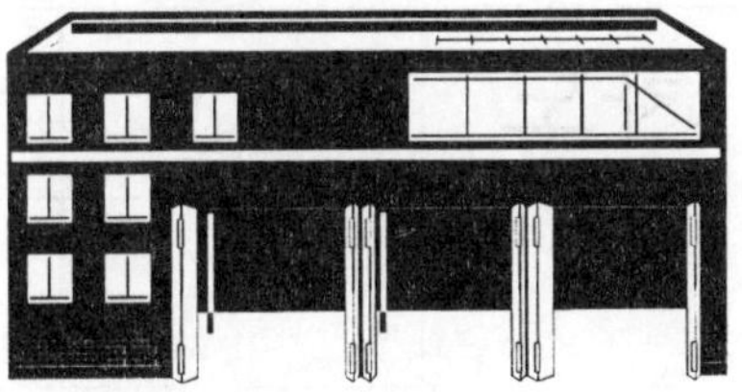

ヂャジョン ゴ
자전거(自転車)

자전거	자전거	

ユクギョ

육교(陸橋)

육교	육교	

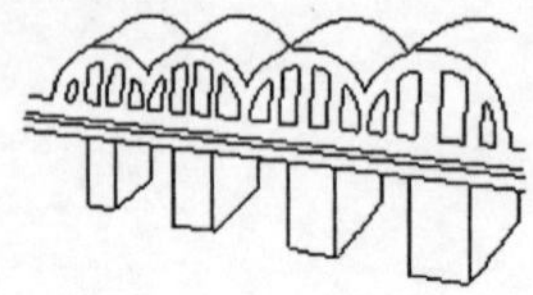

パ チュル ソ

파출소(交番)

파출소	파출소	

チャ ド

차도(車道)

차도	차도	

ボー ド

보도(歩道)

보도	보도	

ヂュチャヂャン
주차장(駐車場)

주차장	주차장	

シンホ
신호(信号)

신호	신호	

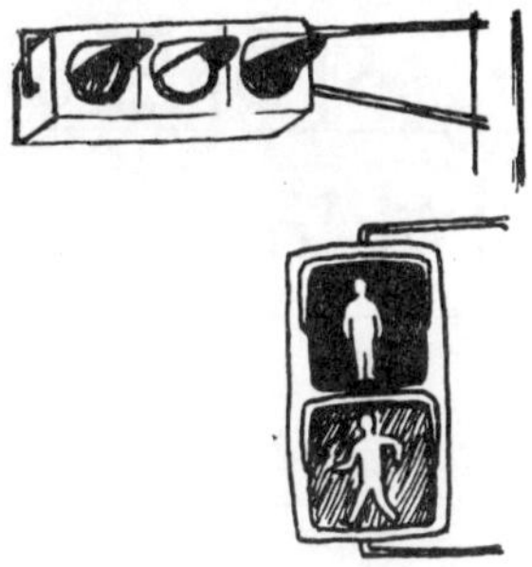

ウンヘン
은행(銀行)

은행	은행	

ゴールモク
골목(路地)

골목	골목	

ゴンジュンヂョンファ
공중전화(公衆電話)

공중전화	공중전화

チ ハ ド
지하도(地下道)

지하도	지하도

ダ リ
다리(橋)

다리	다리	

ヂョンニュ ソ
정류소(停留所)

정류소	정류소	

3. 역(ヨク)[えき] 익히기 · 쓰기 연습

コンハン
공항(空港)

공항	공항	

ビ ヘン キ
비행기(飛行機)

비행기	비행기	

ヨルチャ
열차(列車)

열차	열차	

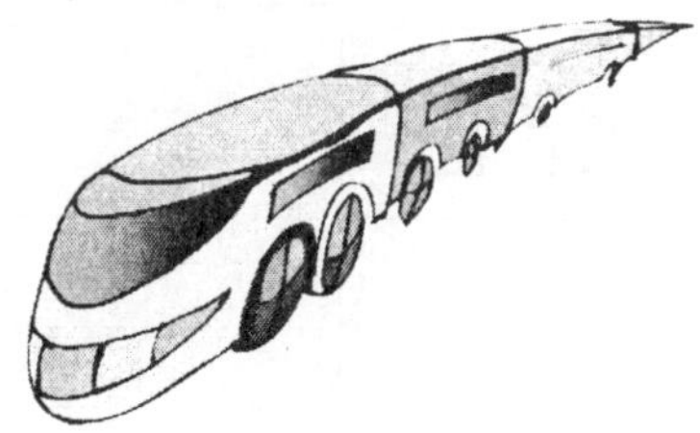

チ ハ チョル
지하철(地下鉄)

지하철	지하철	

ヂョーン チョル
전철(電鉄)

전철	전철	

シクダンチャ
식당차(食堂車)

식당차	식당차	

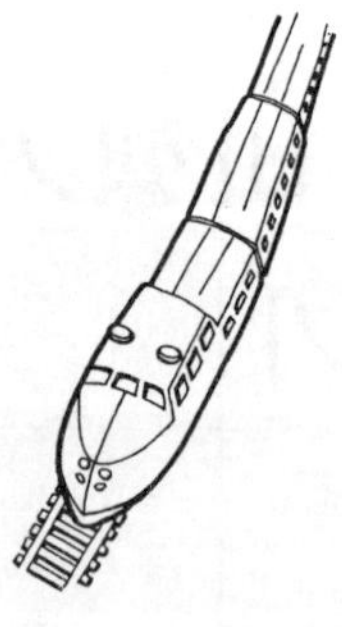

チュルバル
출발(出発)

출발	출발	

ト チャク
도착(到着)

도착	도착	

ヂィ ヂョン ソク
지정석(指定席)

지정석	지정석

ゲ チャル グ
개찰구(改札口)

개찰구	개찰구

チャピョ
차표(切符)

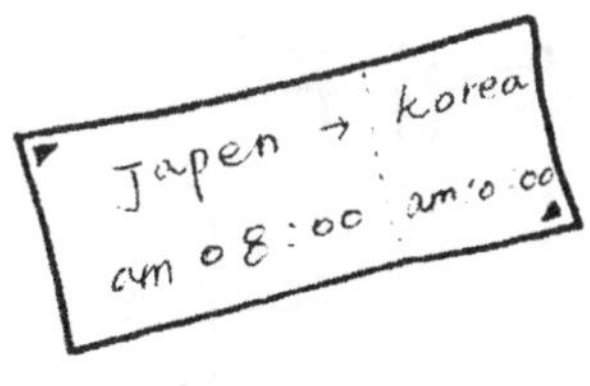

차표	차표	

ドンヂョクイッ ク
동쪽입구(東口)

동쪽입구	동쪽입구

ソッヂョクイッ ク
서쪽입구(西口)

서쪽입구	서쪽입구

ナムヂョクイッ ク
남쪽입구(南口)

남쪽입구	남쪽입구

プッヂョクイッ ク
북쪽입구(北口)

북쪽입구	북쪽입구

4. 버스 안[バスの中] 익히기 · 쓰기 연습

(バス マン)

グ ムルソンバン

그물선반(網棚)

그물선반	그물선반

ウンヂョン ス

운전수(運転手)

운전수	운전수	

ガ イ トョ

가이드(ガイド)

가이드	가이드	

ソンチャプ イ
손잡이(つりかわ)

손잡이	손잡이	

スンゲク
승객(乗客)

승객	승객	

ウンチョンソク
운전석(運転席)

운전석	운전석	

トン ノ
통로(通路)

통로	통로	

チャソク
좌석(座席)

좌석	좌석	

アプ チョク
앞쪽(前の方)

앞쪽	앞쪽	

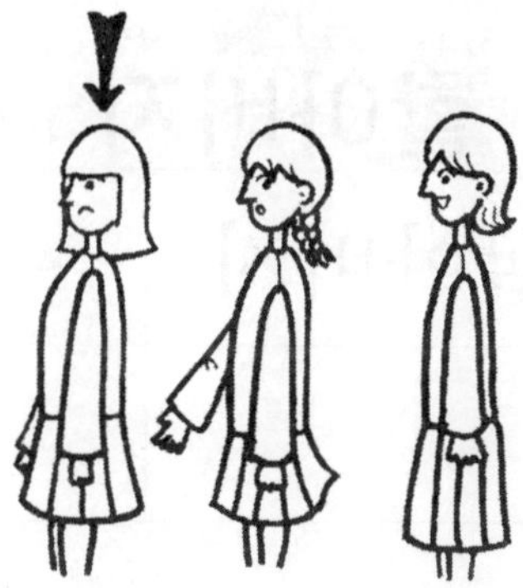

トゥィーチョク
뒤쪽(後ろの方)

뒤쪽	뒤쪽	

ガ ウン デ
가운데(中)

가운데	가운데	

5. 가족[家族] 익히기 · 쓰기 연습

ガヂョク

ハ ラ ボ ヂ

할아버지(おじいさん)

할아버지	할아버지

ハル モ ニ

할머니(おばあさん)

할머니	할머니	

ア ボ ヂ

아버지(父)

아버지	아버지	

オ モ ニ
어머니(母)

어머니	어머니	

ヒョン
형(兄)

형	형	

オッ パ
오빠(兄)

오빠	오빠	

ヌ ナ
누나(姉)

누나	누나	

オン ニ
언니(姉)

언니	언니	

ナンドンセン
남동생(弟)

남동생	남동생	

ヨ ドンセン
여동생(妹)

여동생	여동생	

ヂョ カ
조카(めい, おい)

조카	조카	

ヒョンヂエ
형제(兄弟)

형제	형제	

サーチョン
사촌(いとこ)

사촌	사촌	

ア ジョ シ
아저씨(おじさん)

아저씨	아저씨	

ア ジュ モ ニ
아주머니(おばさん)

아주머니	아주머니

6. 병원(ビョンウォン)[病院] 익히기 · 쓰기 연습

ス スルウル ハ ダ
수술을 하다(手術をする)

수술을 하다	수술을 하다	

チャルヨンウル ハ ダ
X-Ray 촬영을 하다(X-Rayをとる)

촬영을 하다	촬영을 하다

ヂュサールル ノッ ダ
주사를 놓다(注射をする)

주사를 놓다	주사를 놓다	

チーンチャル
진찰(診察)

진찰	진찰	

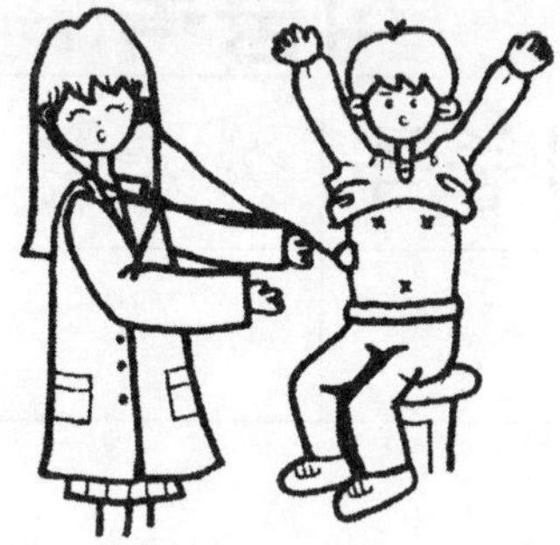

ヒョルラプ
혈압(血圧)

혈압	혈압	

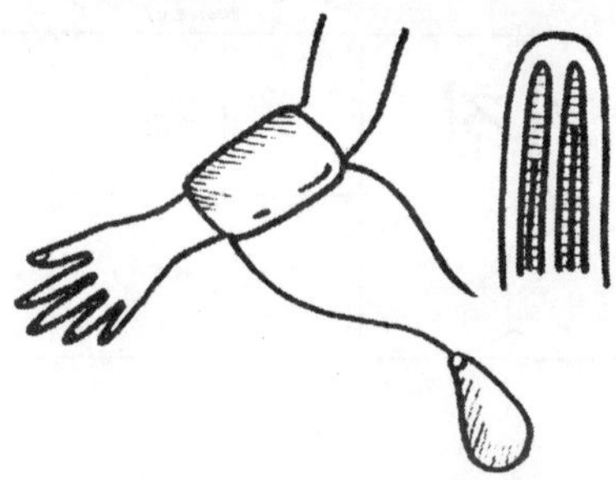

メクバク
맥박(脈)

맥박	맥박	

ヨル
열(熱)

열	열	

シクジュンドク
식중독(食中毒)

식중독	식중독	

ギ チム
기침(咳)

기침	기침	

ガーム ギ
감기(風邪)

감기	감기	

サンチョ ソ ドク
상처소독(傷処消毒)

상처소독	상처소독

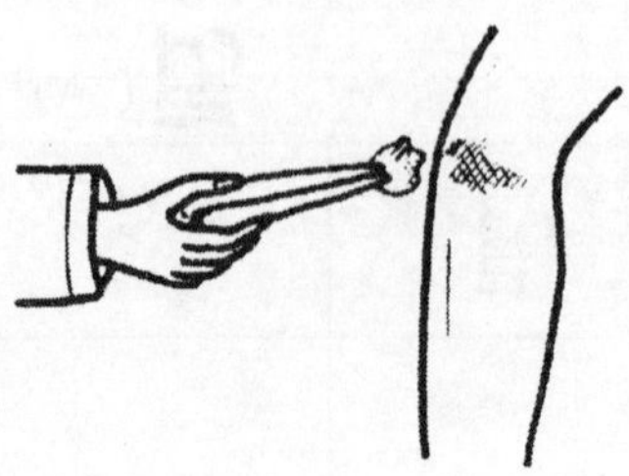

ヤク
약(薬)

약	약	

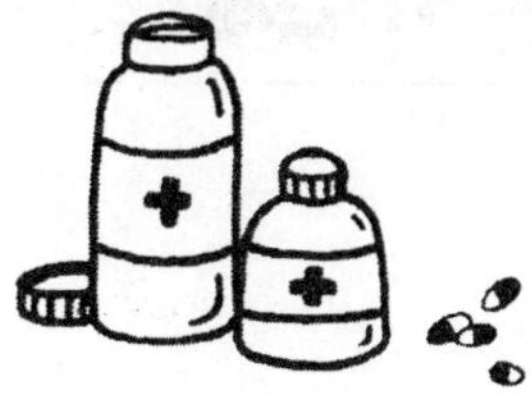

ボクトン
복통(腹痛)

복통	복통	

ドゥトン
두통(頭痛)

두통	두통	

アーム
암(癌)

암	암	

7. 신체(シンチェ)[人の体] 익히기 · 쓰기 연습

モリ
머리(頭)

머리	머리	

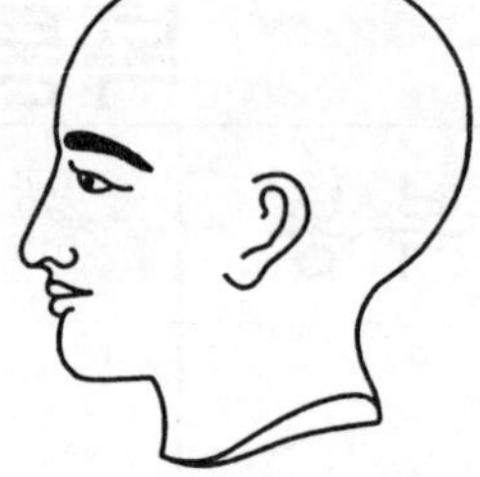

モリカラク
머리카락(かみのけ)

머리카락	머리카락

イマ
이마(ひたい)

이마	이마	

ヌン

눈(目)

눈	눈	

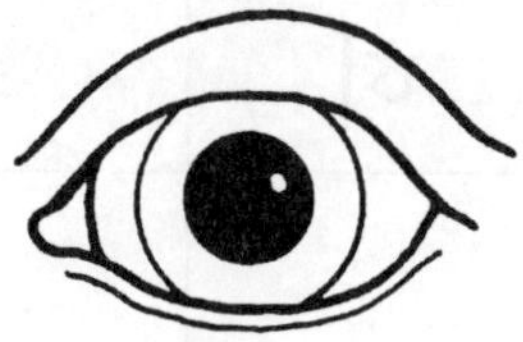

コ

코(鼻)

코	코	

イプ

입(口)

입	입	

イー

이(歯)

이	이	

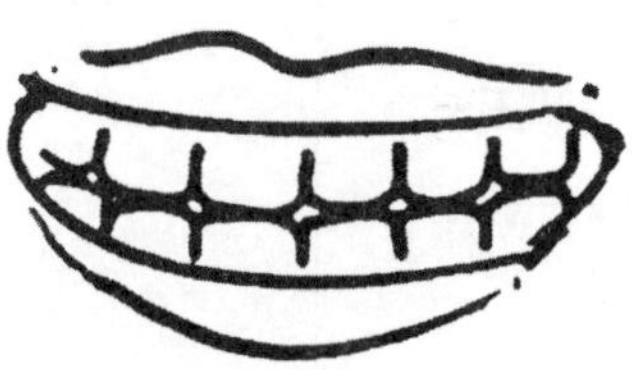

ヒョー
혀(舌)

혀	혀	

ギュイ
귀(耳)

귀	귀	

トク
턱(あご)

턱	턱	

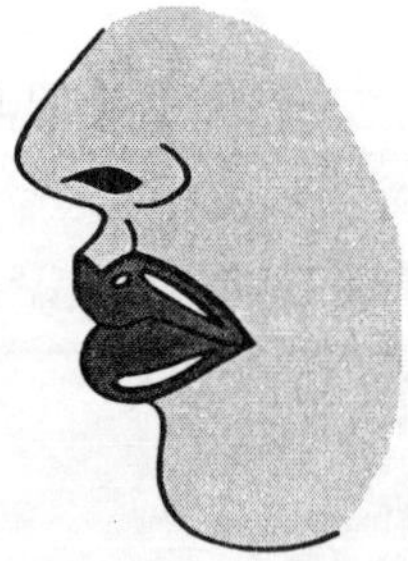

モク
목(首)

목	목	

オッケ
어깨(かた)

어깨	어깨	

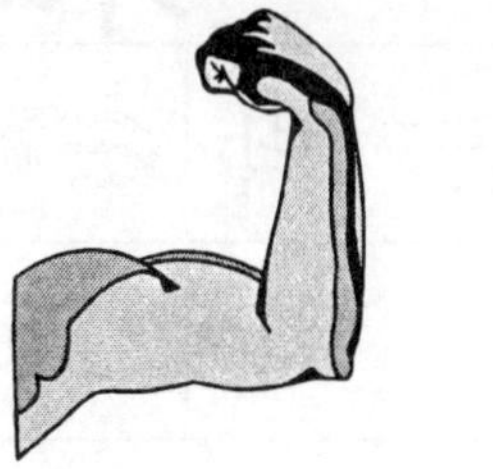

ベ
배(おなか)

배	배	

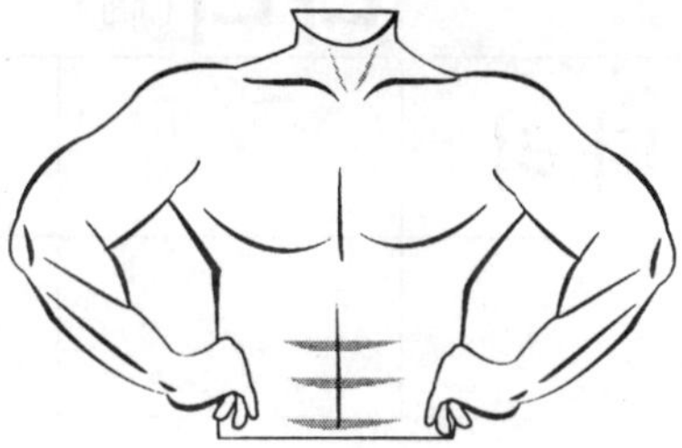

パル
팔(腕)

팔	팔	

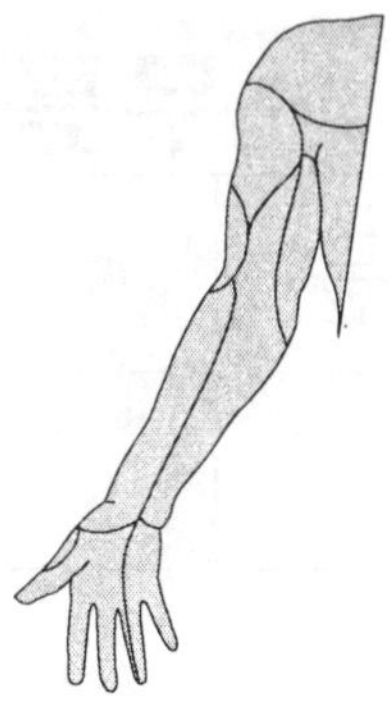

ソン
손(手)

손	손	

ソンカァーラク
손가락(指, ゆび)

손가락	손가락	

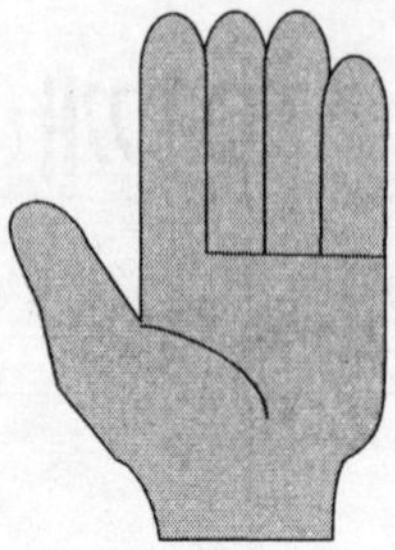

ダ リ
다리(脚)

다리	다리	

ム ルプ
무릎(ひざ)

무릎	무릎	

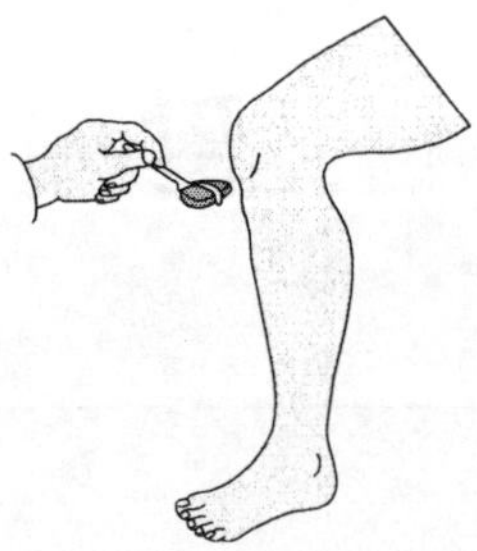

バル
발(足)

발	발	

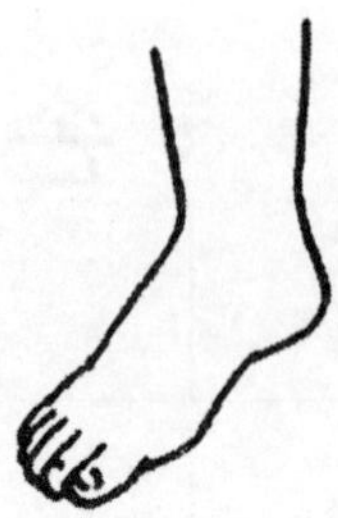

8. 장신구(チャンシング)[身の回りの品] 익히기 · 쓰기 연습

アンギョン
안경(めがね)

안경	안경	

シ ゲ
시계(とけい)

시계	시계	

ウーサン
우산(かさ)

우산	우산	

ベルトゥ
벨트(ベルト)

벨트	벨트	

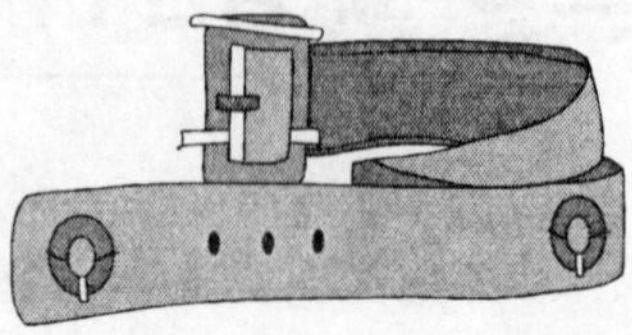

ブーロッチ
브로치(ブローチ)

브로치	브로치	

グドゥ
구두(くつ)

구두	구두	

ヘンドゥーベク
핸드백(ハンドバック)

핸드백	핸드백	

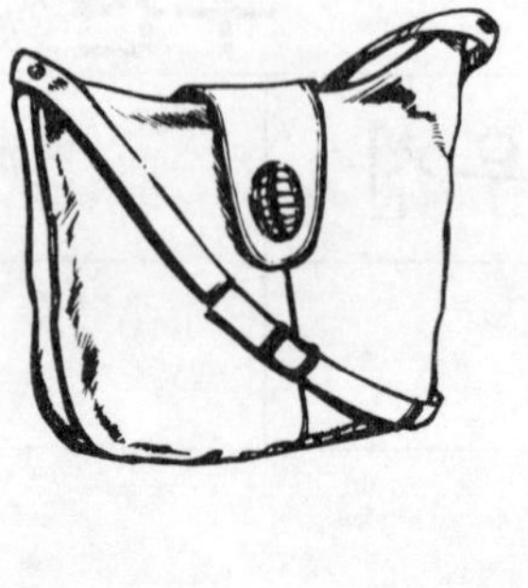

モ チャ
모자(ぼうし)

모자	모자	

ネック タ イ
넥타이(ネクタイ)

넥타이	넥타이	

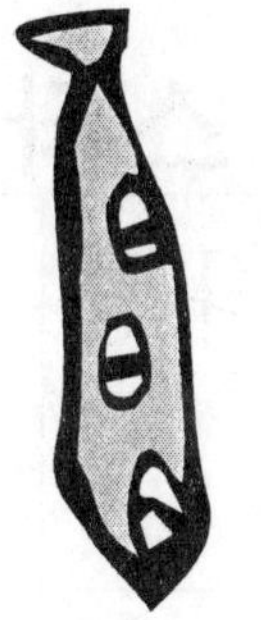

ギュィ ゴ リ
귀고리(イヤリング)

귀고리	귀고리	

バン ヂ
반지(ゆびわ)

반지	반지	

ダンチュ
단추(ボタン)

단추	단추	

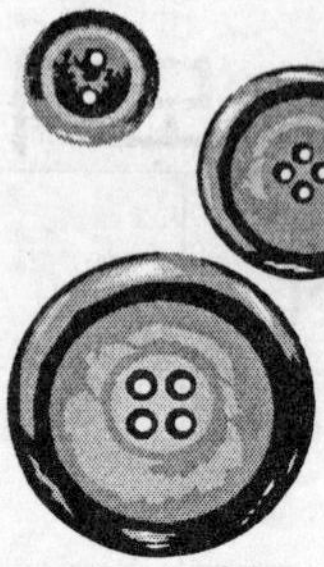

ス タ キン
스타킹(ストッキング)

스타킹	스타킹	

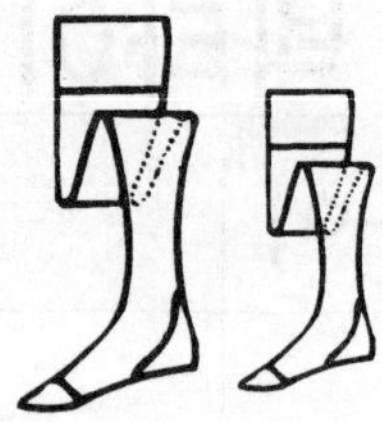

モッゴル イ
목걸이(ネックレス)

목걸이	목걸이	

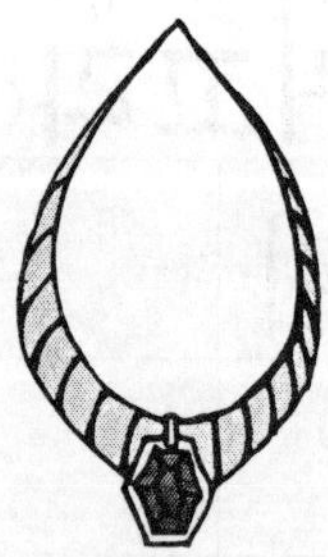

ソン ス ゴン
손수건(ハンカチ)

손수건	손수건	

チ マ
치마(スカート)

치마	치마	

チョ ゴ リ
저고리(上着)

저고리	저고리	

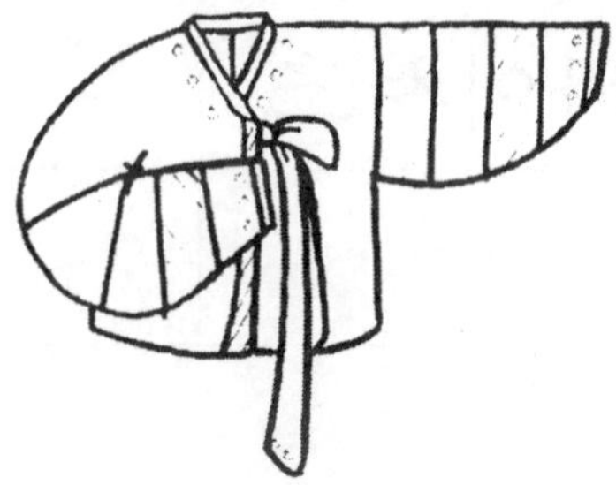

ゴ ウル
거울(鏡)

거울	거울	

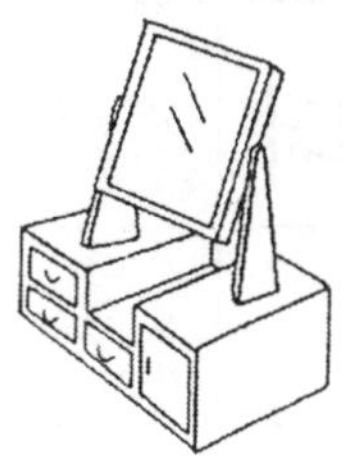

ミョン ド ギ
면도기(かみそり)

면도기	면도기	

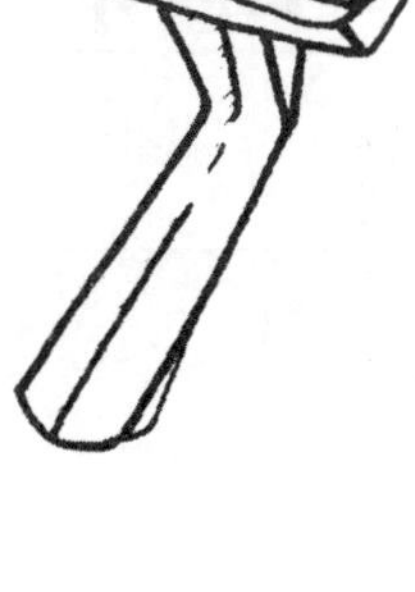

チャム バ

잠바

잠바	잠바	

ワ イ ショツ

와이셔츠(ワイシャツ)

와이셔츠	와이셔츠

ス ウェー ト

스웨터(セーター)

스웨터	스웨터	

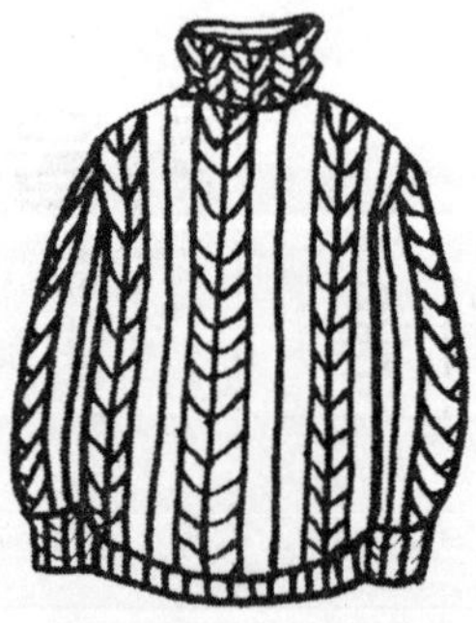

バ チ

바지(ズボン)

바지	바지	

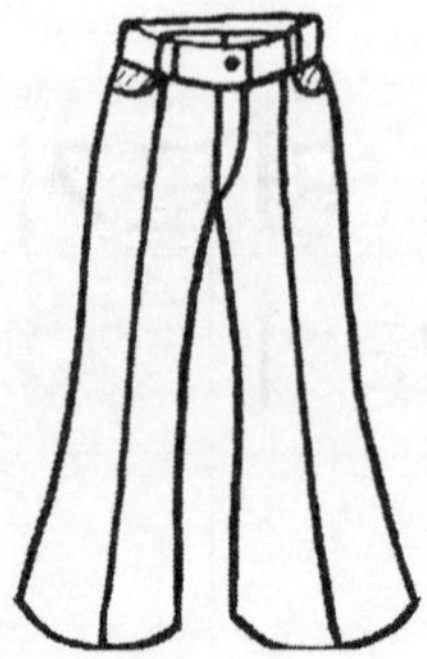

9. 직업[職業] 익히기 · 쓰기 연습

チイゴプ

ウィサ
의사(医者)

의사	의사	

ソンセン
선생(先生)

선생	선생	

バクサ
박사(博士)

박사	박사	

ファ ガ

화가(画家)

화가	화가	

ヨ リ サ

요리사(コック)

요리사	요리사	

ピ ア ニ ス トゥ

피아니스트(ピアニスト)

피아니스트	피아니스트

ガン ホ サ

간호사(看護婦)

간호사	간호사	

ゴンソチュ ガ
건축가(建築家)

건축가	건축가	

ス チュ オ ディー ス
스튜어디스(スチュワーデス)

스튜어디스	스튜어디스

グンイン
군인(軍人)

군인	군인	

ソウバン サ
소방사(消防士)

소방사	소방사	

モク サ
목사(牧師)

목사	목사	

スンギョン
순경(お巡りさん)

순경	순경	

ベ ウ
배우(俳優)

배우	배우	

ガ ス
가수(歌手)

가수	가수	

チィミ

10. 취미[趣味] 익히기 · 쓰기 연습

ドゥンサン

등산(登山)

등산	등산	

ウッピョスーヂプ

우표수집(切手集め)

우표수집	우표수집

ソ エ

서예(書道)

서예	서예	

ゴッゴッ チ
꽃꽂이(生け花)

꽃꽂이	꽃꽂이	

ノ レ
노래(歌)

노래	노래	

ドク ソ
독서(読書)

독서	독서	

ピョンムル
편물(編み物)

편물	편물	

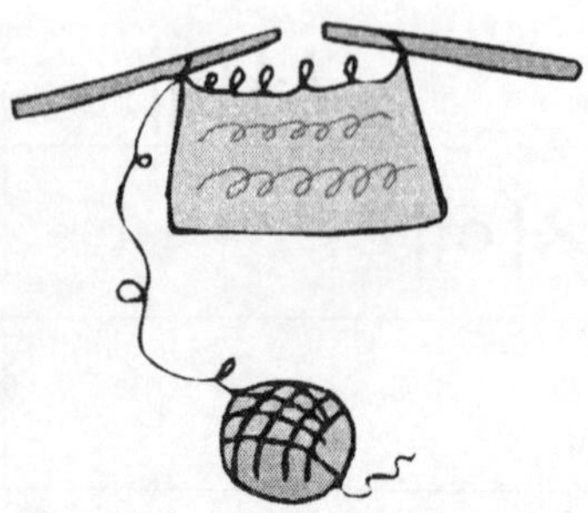

グーリム
그림(絵)

그림	그림	

ヨングク
연극(演劇)

연극	연극	

ム ヨン
무용(舞踊)

무용	무용	

ウ マク
음악(音楽)

음악	음악	

タ ド
다도(茶道)

다도	다도	

サ ヂン
사진(写真)

사진	사진	

バ ドゥク
바둑(碁)

바둑	바둑	

ヂャン ギ
장기(将棋)

장기	장기	

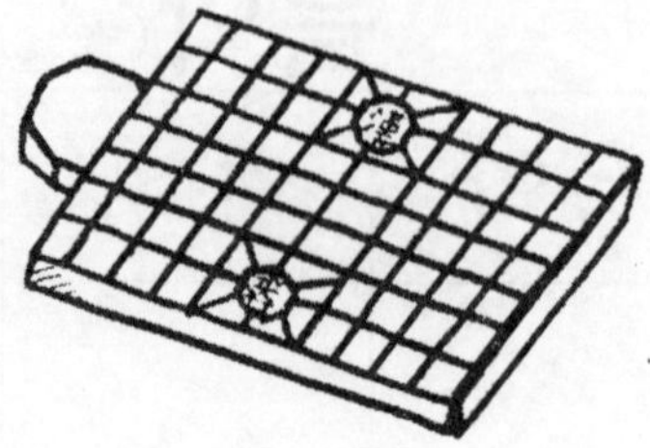

ブンチェ
분재(盆栽)

분재	분재	

サ ニャン
사냥(狩り)

사냥	사냥	

ナク シ
낚시(釣り)

낚시	낚시	

ウンドン
운동(運動)

운동	운동	

11. 일상용품[日常用品] 익히기 · 쓰기 연습
(イルサンヨンプム)

チッソル
칫솔(歯ブラシ)

칫솔	칫솔	

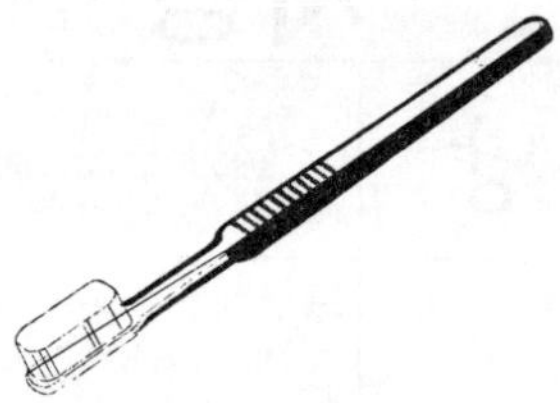

チ ヤク
치약(はみがき)

치약	치약	

サャム プ
샴푸(シャンプー)

샴푸	샴푸	

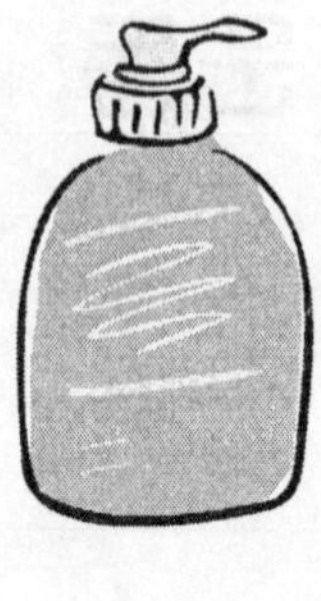

ビ ヌ

비누(せっけん)

비누	비누	

タ ウォル

타월(タオル)

타월	타월	

セ チェ

세제(洗剤)

세제	세제	

ビッ

빗(くし)

빗	빗	

ヤンチョ
양초(ろうそく)

양초	양초	

ビッチャル
빗자루(ほうき)

빗자루	빗자루	

モンヂトルイ
먼지털이(はたき)

먼지털이	먼지털이

ホス
호스(ホース)

호스	호스	

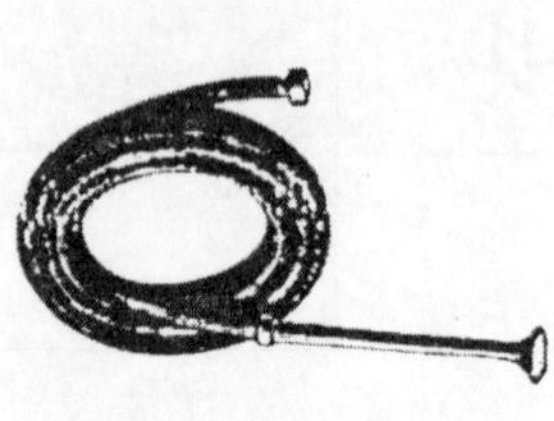

ヨルセ
열쇠(かぎ)

열쇠	열쇠	

チェドルイ
재떨이(はいざら)

재떨이	재떨이	

クドゥヂュゴク
구두주걱(くつべら)

구두주걱	구두주걱

グドゥソル
구두솔(靴ブラシ)

구두솔	구두솔	

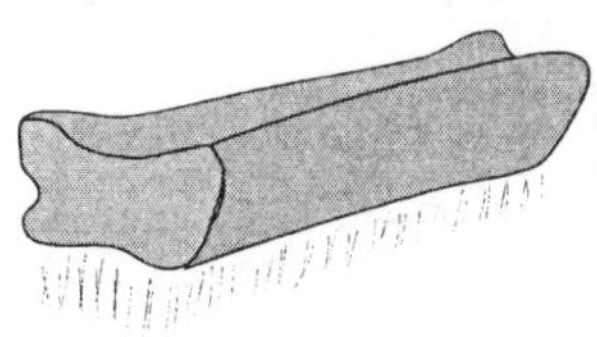

スレバッギ
쓰레받기(ちりとり)

쓰레받기	쓰레받기

ムルブリゲ
물뿌리개(じょうろ)

물뿌리개	물뿌리개

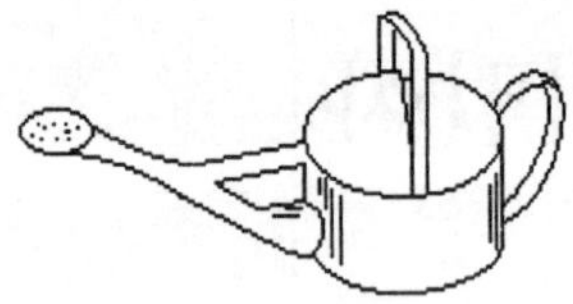

ソンニャン
성냥(マッチ)

성냥	성냥	

ギィフビゲ
귀후비개(耳かき)

귀후비개	귀후비개

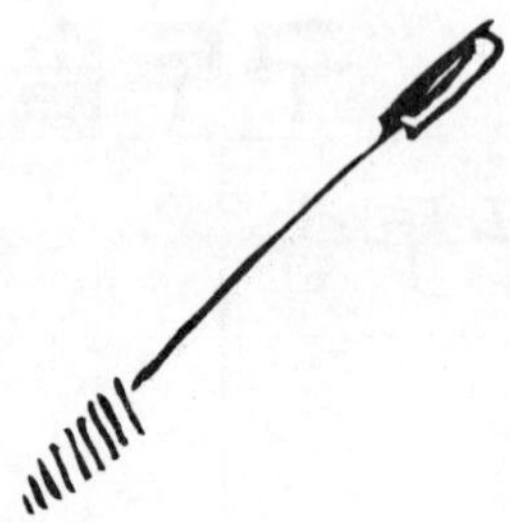

バンソク
방석(ざぶとん)

방석	방석	

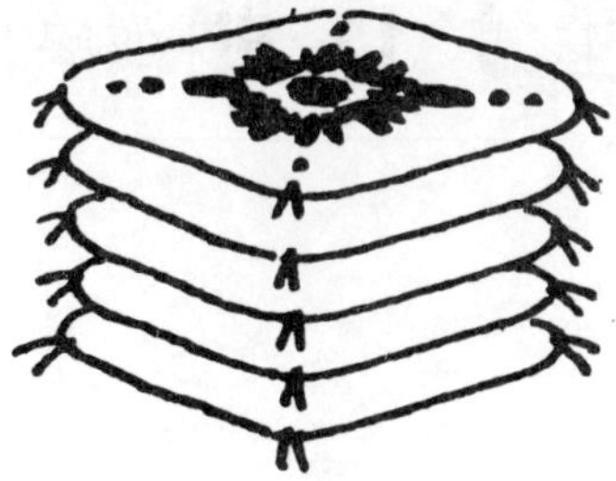

ボジャギ
보자기(ふろしき)

보자기	보자기	

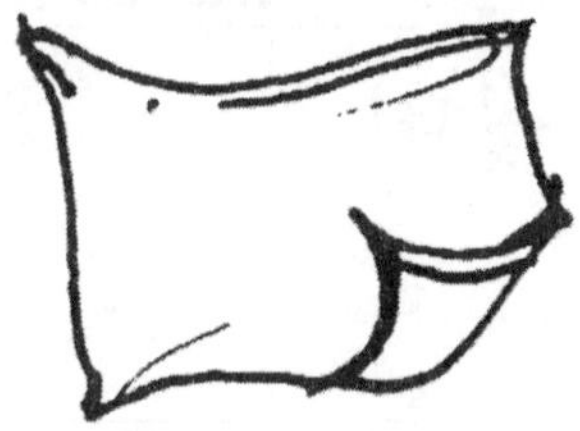

ヤンマル
양말(くつした)

양말	양말	

ソンゴウル
손거울(手かがみ)

손거울	손거울	

12. 방(バン)[部屋] 익히기 · 쓰기 연습

ゴッビョン
꽃병(花瓶)

꽃병	꽃병	

チョンファ ギ
전화기(電話機)

전화기	전화기	

オッチャン
옷장(洋服ダンス)

옷장	옷장	

ネンジャン ゴ
냉장고(冷蔵庫)

냉장고	냉장고	

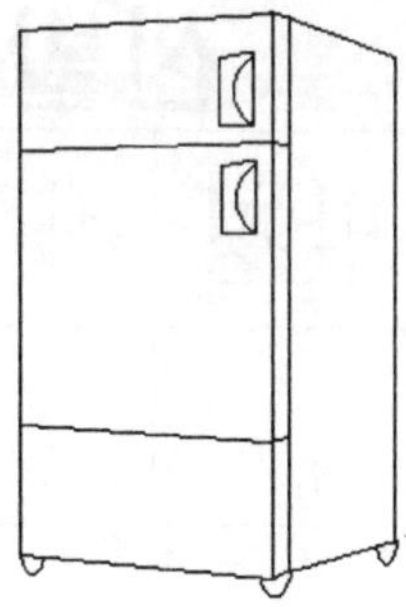

チェクサン
책상(机)

책상	책상	

ヂョンドゥン
전등(電灯)

전등	전등	

ウィチャ
의자(いす)

의자	의자	

シンバルヂャン
신발장(靴箱)

신발장	신발장	

ダム ヨ
담요(毛布)

담요	담요	

タクジャ
탁자(テーブル)

탁자	탁자	

チム デ
침대(寝室)

침대	침대	

ヨ
요(敷きぶとん)

요	요	

べ ゲ
베개(枕)

베개	베개	

オッゴル イ
옷걸이(ハンガー)

옷걸이	옷걸이	

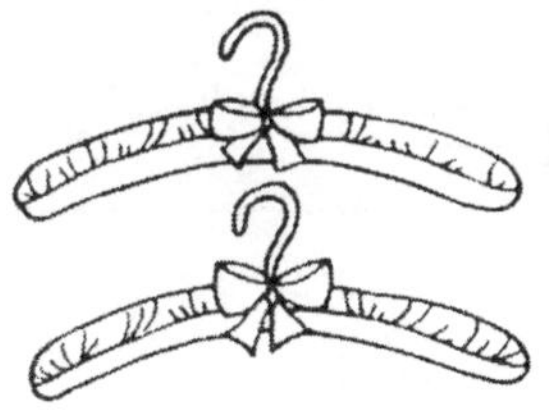

ダルリョク
달력(カレンダー)

달력	달력	

13. 목욕[おふろ] 익히기 · 쓰기 연습

(モギョク)

ヨッジョ
욕조(浴槽)

욕조	욕조	

リンス
린스(リンス)

린스	린스	

サャウォ
샤워(シャワー)

샤워	샤워	

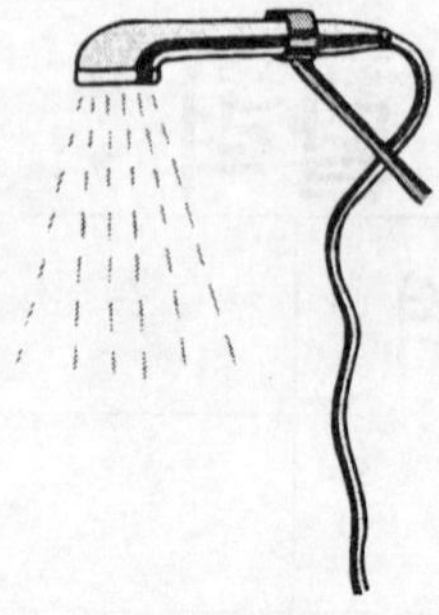

ドゥゴウン　ムル
뜨거운 물(お湯)

뜨거운 물	뜨거운 물

ス ド ゴッ ジ
수도꼭지(じゃぐち)

수도꼭지	수도꼭지

バ ガ ジ
바가지(おけ)

바가지	바가지	

マ ゲ
마개(栓)

마개	마개	

ビ ヌッガプ
비눗갑(せっけん箱)

비눗갑	비눗갑	

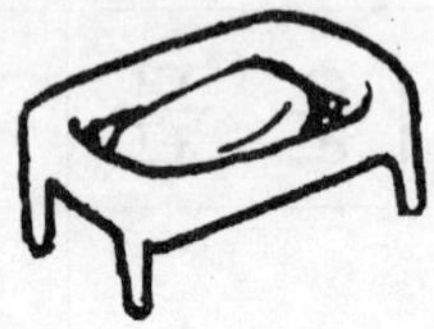

セ ミョン ギ
세면기(せんめんき)

세면기	세면기	

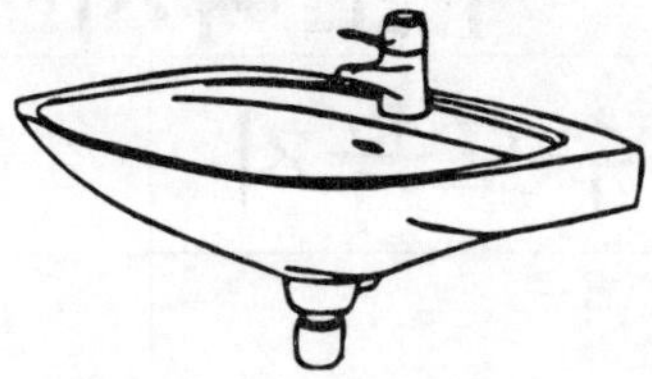

スル リ ポ
슬리퍼(スリッパ)

슬리퍼	슬리퍼	

ヂョ ウル
저울(はかり)

저울	저울	

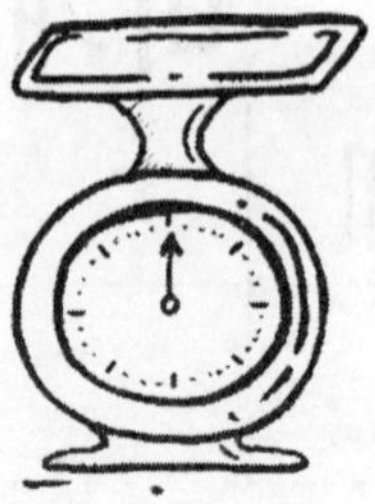

14. 부엌(ブオク)[台所] 익히기 · 쓰기 연습

チュチョンチャ
주전자(やかん)

주전자	주전자	

ヘンチュ
행주(ふきん)

행주	행주	

パプゴン ギ
밥공기(茶わん)

밥공기	밥공기	

グッチャ
국자(しゃくし)

국자	국자	

ヂョプ シ
접시(皿)

접시	접시	

サ バル
사발(どんぶり)

사발	사발	

チャヂュヂョンヂャ
차주전자(きゅうす)

차주전자	차주전자

ブ オクカル
부억칼(包丁)

부억칼	부억칼

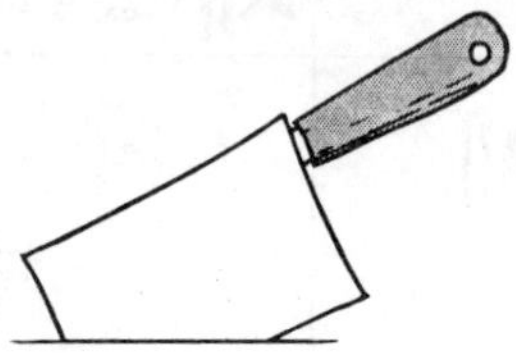

チュゴク
주걱(しゃもじ)

주걱	주걱	

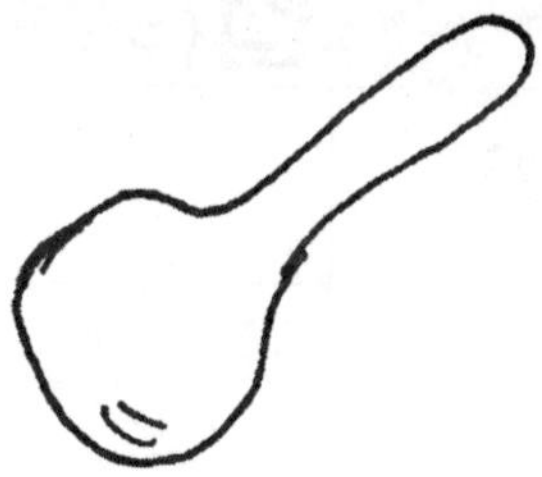

ソッ
솥(釜)

솥	솥	

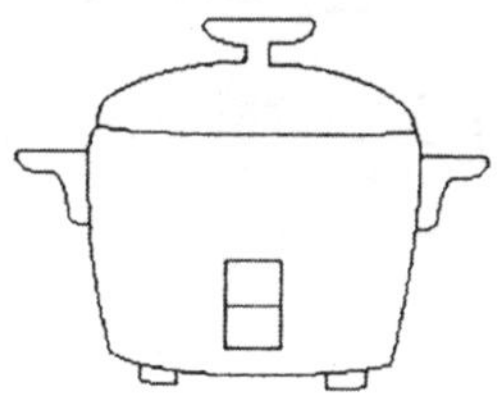

ド マ
도마(まな板)

도마	도마	

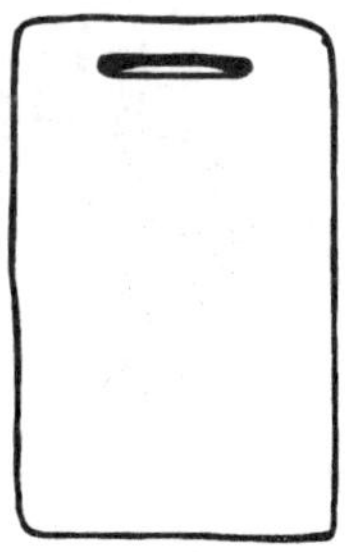

체(ふるい)

チェ

체	체	

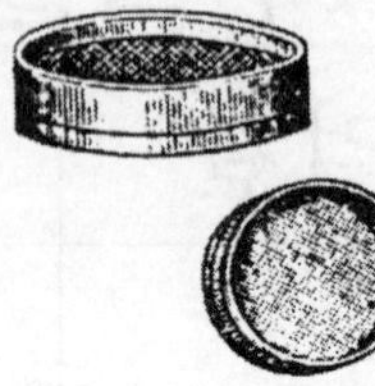

컵(コップ)

コップ

컵	컵	

밥그릇(茶碗)

バプ グ ルッ

밥그릇	밥그릇	

냄비(なべ)

ネム ビ

냄비	냄비	

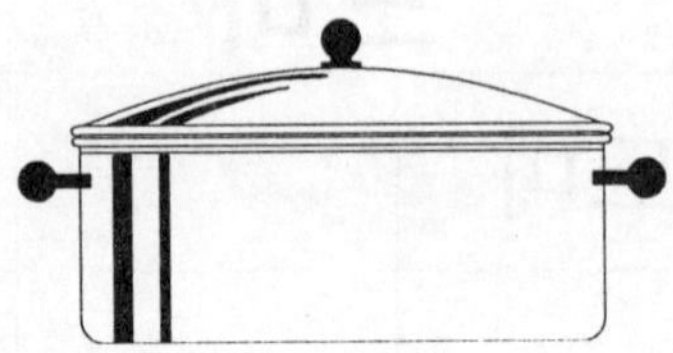

ドゥィジップ ケ

뒤집개(フライかえし)

뒤집개	뒤집개	

ソ ク リ

소쿠리(ざる)

소쿠리	소쿠리	

ガンパン

강판(おろしかね)

강판	강판	

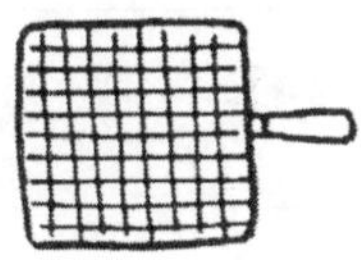

ヂョッ ガ ラク

젓가락(はし)

젓가락	젓가락	

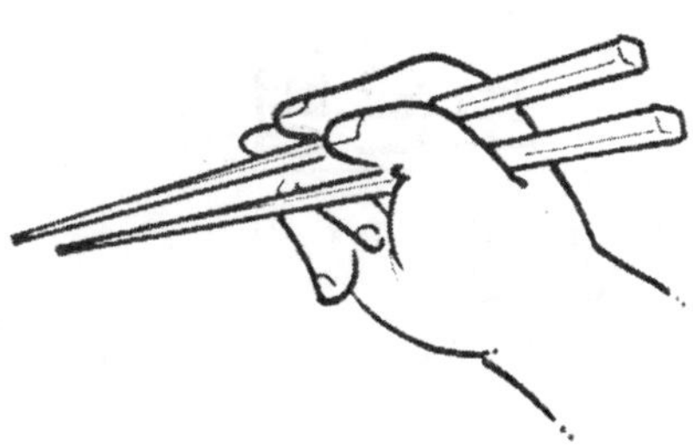

スッ ガ ラク
숟가락(さじ)

숟가락	숟가락	

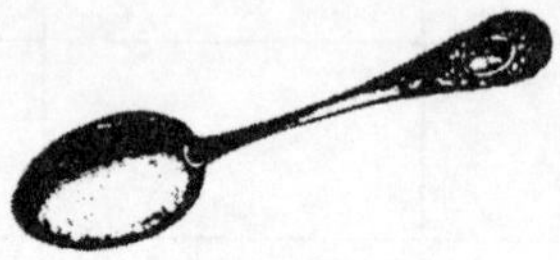

ヤンニョム グ ルッ
양념그릇(こしょういれ)

양념그릇	양념그릇

ド シ ラク
도시락(弁当)

도시락	도시락	

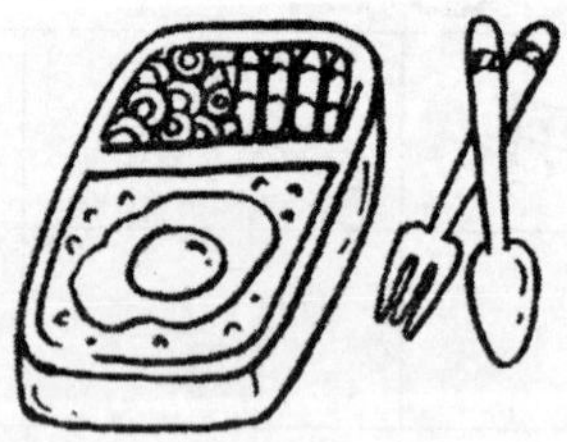

ボ オンビョン
보온병(魔法びん)

보온병	보온병	

15. 메뉴(メニュ)[メニュ] 익히기 · 쓰기 연습

우동(ウドン)(うどん)

우동	우동	

돈까스(ドンガス)(とんかつ)

돈까스	돈까스	

샌드위치(サンドゥウィチ)(サンドイッチ)

샌드위치	샌드위치

スパゲティ

스파게티(スパゲッティ)

스파게티	스파게티

ヂョシク

조식(朝食)

조식	조식	

コピー

커피(コーヒー)

커피	커피	

コルラ

콜라(コーラ)

콜라	콜라	

ヘム ボ ゴ
햄버거(ハンバーガ)

햄버거	햄버거	

ヂュ ス
주스(ジュース)

주스	주스	

セル ロ ドゥ
샐러드(サラダ)

샐러드	샐러드	

ラ ミョン
라면(ラーメン)

라면	라면	

グッス

국수(そば)

국수	국수	

ギムバプ

김밥(のりまき)

김밥	김밥	

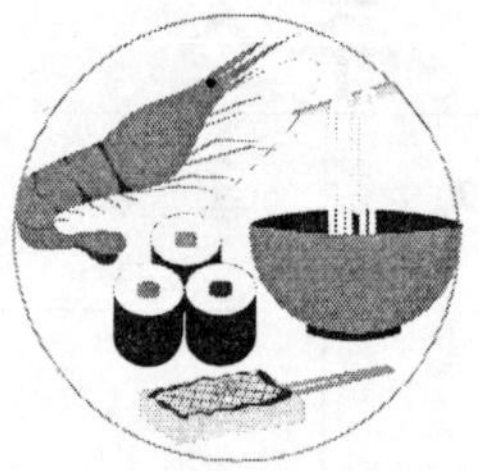

ワ イン

와인(ワイン)

와인	와인	

ミル ク

밀크(ミルク)

밀크	밀크	

アイスクリム
아이스크림(アイスクリーム)

아이스크림	아이스크림

ボックムバブ
볶음밥(ピラフ)

볶음밥	볶음밥	

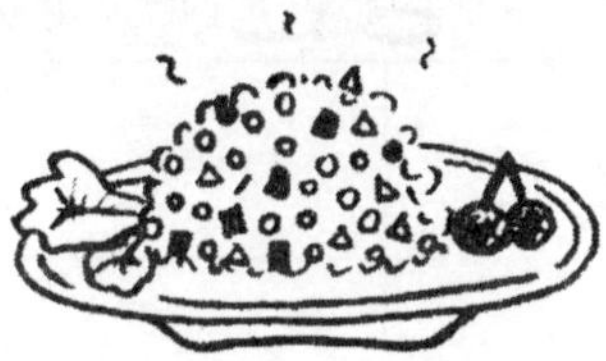

ヂュク
죽(おかゆ)

죽	죽	

チョバブ
초밥(すし)

초밥	초밥	

16. 야채[野菜] 익히기 · 쓰기 연습

ヤチェ

ダングン

당근(にんじん)

당근	당근	

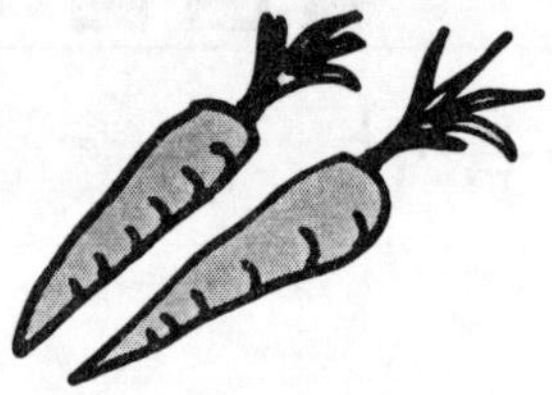

ベ チュ

배추(はくさい)

배추	배추	

ホ バク

호박(かぼちゃ)

호박	호박	

ゴ グ マ
고구마(さつまいも)

고구마	고구마	

センガン
생강(しょうが)

생강	생강	

ヤン パ
양파(たまねぎ)

양파	양파	

ゲッイプ
깻잎(ごまのは)

깻잎	깻잎	

コン
콩(まめ)

콩	콩	

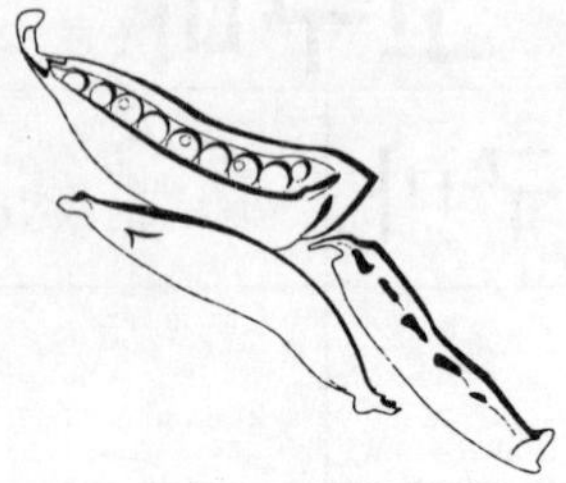

パ
파(ねぎ)

파	파	

ム
무(だいこん)

무	무	

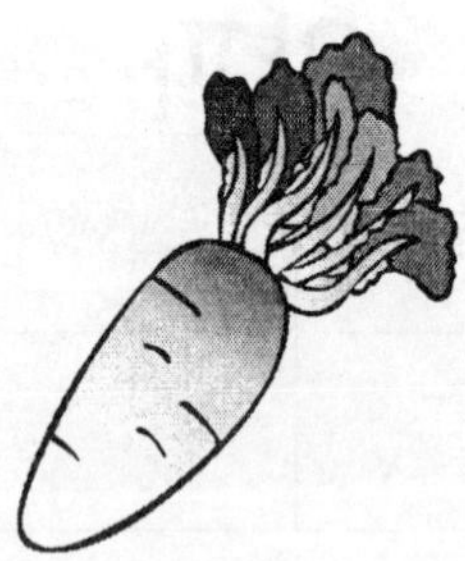

オ イ
오이(きゅうり)

오이	오이	

ガムチャ

감자(じゃがいも)

감자	감자	

マ ヌル

마늘(にんにく)

마늘	마늘	

シ グム チ

시금치(ほうれんそう)

시금치	시금치	

ガ ヂ

가지(なすび)

가지	가지	

ゴ チュ

고추(とうがらし)

고추	고추	

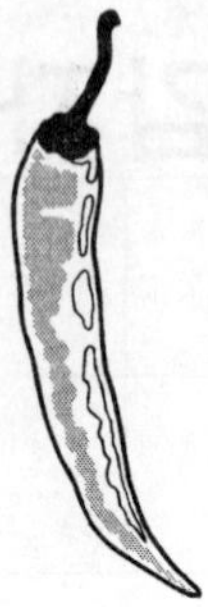

ボ ソッ

버섯(きのこ)

버섯	버섯	

オッ ス ス

옥수수(とうもろし)

옥수수	옥수수	

ダンコン

땅콩(らっかせい)

땅콩	땅콩	

17. 과일(グァイル)[果物] 익히기 · 쓰기 연습

포도(ポド)(ぶどう)

포도	포도	

사과(サグァ)(りんご)

사과	사과	

자두(チャドゥ)(すもも)

자두	자두	

ミルガム
밀감(みかん)

밀감	밀감	

ス バク
수박(すいか)

수박	수박	

エンドゥ
앵두(さくらんぼ)

앵두	앵두	

サル グ
살구(あんず)

살구	살구	

ガム
감(かき)

감	감	

ボッスン ア
복숭아(もも)

복숭아	복숭아

ベ
배(なし)

배	배	

チャムウェ
참외(うり)

참외	참외	

バナナ

바나나(バナナ)

바나나	바나나

バム

밤(くり)

밤	밤	

トマト

토마토(トマト)

토마토	토마토	

18. 전기제품[電気製品] 익히기 · 쓰기 연습

チョソギ チプム

ヂョンヂャ レインヂ

전자 레인지

（電子レンジ）

전자 레인지	전자 레인지

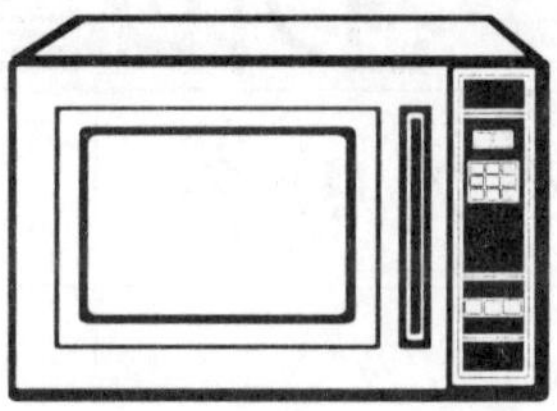

ヂョンチュク

전축（ステレオ）

전축	전축	

ト ス タ

토스터（トースター）

토스터	토스터	

セ タッ ギ
세탁기(洗濯機)

세탁기	세탁기	

ヂョン ギ バプソッ
전기밥솥(炊飯器)

전기밥솥	전기밥솥

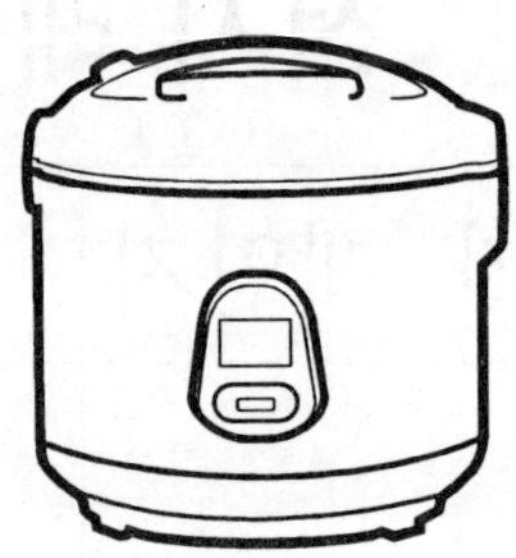

ドゥ ラ イ ギ
드라이기(ヘアドライヤー)

드라이기	드라이기

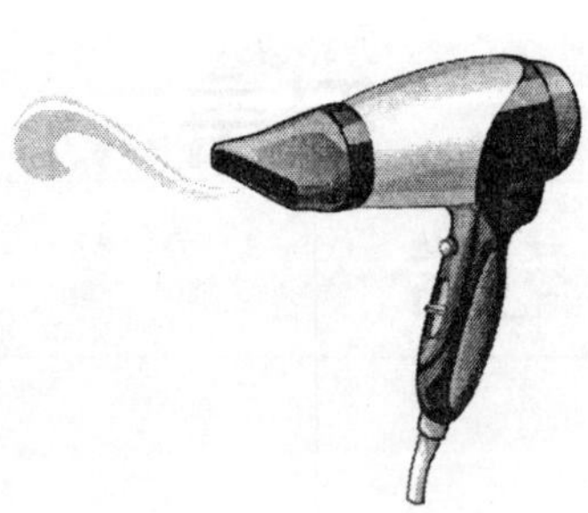

ソンプン ギ
선풍기(せんぷうき)

선풍기	선풍기	

ミッソ
믹서(ミキサー)

믹서	믹서	

ダリミ
다리미(アイロン)

다리미	다리미	

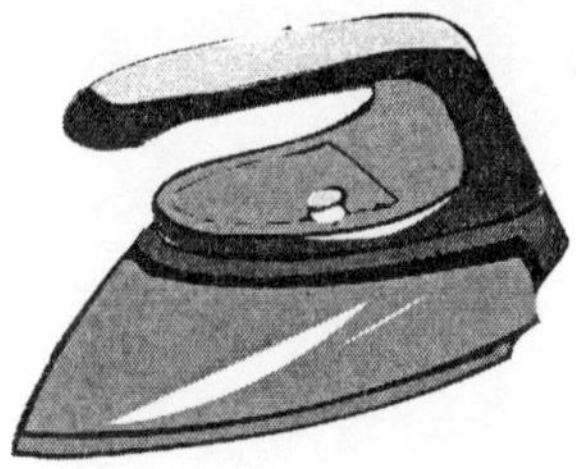

ヂョンギ チョンソギ
전기 청소기(電気掃除機)

전기 청소기	전기 청소기

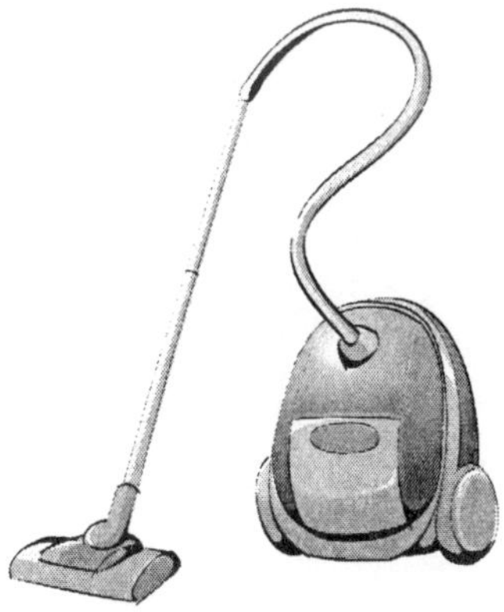

コピポトゥ
커피포트(コーヒーポット)

커피포트	커피포트

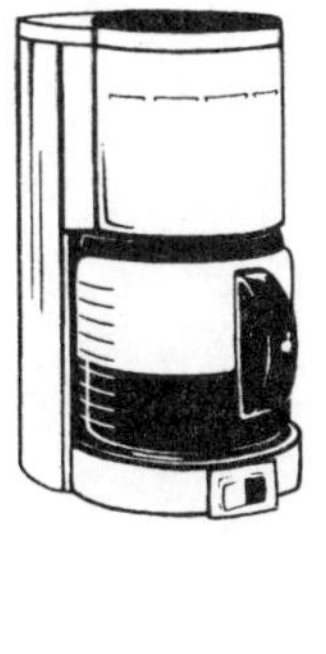

제2부

한국관광

(ハンクックァングァン)

제3장　입국イップクッ(入国)
제4장　교통キョトン(交通)
제5장　숙박スッパック(宿泊)
제6장　레스토랑(レストラン)
제7장　쇼핑(ショピング)
제8장　관광クァシグァン(観光)

제3장

イップクッ

입국

(入国)

イップクッシム サ

1. 입국심사(入国審査)

외국인은 여기에 서 주십시오.　外国人はここに並んでください。

ウェグギヌン ヨギエ ソ ジュシプシヨ

여기서 기다려 주십시오.　ここで待ってください。

ヨギソ ギダリョ ヂュシプシヨ

여권을 보여 주십시오.　パスポートを見せてください。

ヨックォヌル ボヨ ジュシプシヨ

입국카드를 써 주십시오.　入国カードを書いてください。

イップクッカドゥルル ソ ヂュシプシヨ

여기에 있습니다.　ここにあります。

ヨギエ イッスムニダ

어디서 오셨습니까?　どちらからですか。

オディソ オショッスムニカ

일본에서 왔습니다.　日本から来ました。

イルボンネソ ワッスムニダ

무슨 목적입니까?　目的は何ですか。

ムスン モッチョギムニカ

관광입니다. 観光です。

クァングァンイムニダ

(비즈니스, 유학) 仕事、留学

(ビジニス、ユハク)

어느 정도 체재하십니까? どの位滞在しますか。

オヌ ジョンド チェジェハシムニカ

일주일입니다. 1週間です。

イルチュイリムニダ

한달, 두달, 반년, 일년 一ヶ月、二ヶ月、半年、1年

(ハンダル、トゥダル、パンニョン、イッリョン)

즐거운 여행 되세요. 楽しい旅をどうぞ。

チュルゴウン ヨヘン テセヨ

신고할 것이 있습니까?　申告するものはありますか。

シンゴハル ゴシ イッムニカ

없습니다.　ありません。

オプスムニダ

이것은 세금을 내 주세요.　これは税金を払ってください。

イゴスン セグムル ネ チュセヨ

짐은 이것뿐입니다.　荷物はこれだけです。

チムン イゴップニッムニダ

가방을 열어 주세요.　カバンを開けてください。

カバンウル ヨロ チュセヨ

이것은 무엇입니까?　これは何ですか。

イゴスン ムォシムニカ

선물입니다.　お土産です。

ソンムリッムニダ

비디오카메라는 당신 것입니까?　ビデオカメラはあなたのですか。

ビディオカメラヌン タンシンコシムニカ

2. 환전(両替)

ファンヂョン

오만엔을 원으로 바꿔 주세요.
オーマネヌル ウォンヌロ パックォ チュセヨ

5万円をウォンに替えてください。

천원짜리 열장 넣어 주세요.
チョノンチャリ ヨルチャン ノオヂュセヨ

1,000ウォン札を10枚入れてください。

3. 호텔이동(ホテルに移動)
ホテルイドン

공항버스(리무진버스)는 コンハンボス(リムジンボス)ヌン	リムジンバスは
어딥니까? オディムニカ	どこですか。
시내 어디로 가십니까? シネ オディロ カシムニカ	市内のどちらに行きますか。
○○호텔입니다. OOホテリムニダ	○○ホテルです。
○번 버스 정류장에 가 주세요. Oボン ボス チョンニュジャンエ カ チュセヨ	○番のバス停に行ってください。

표는 어디서 살 수 있어요? チケットはどこで買えますか。

ピョヌン オディソ サル ス イッソヨ

버스 정류장에서 살 수 있어요. バス停で買えます。

ボス チョンニュウジャンエソ サル ス イッソヨ

얼마예요? いくらですか。

オルマエヨ

만원입니다. 1万ウォンです。

マノンイッムニダ

시간은 어느 정도 걸립니까? 時間はどのくらいかかりますか。

シガヌン オヌ ジョンド コッリムニカ

한시간 반 정도 걸려요. 1時間半ぐらいでしょう。

ハンシガン バン ジョンド コッリョヨ

제4장

キョトソ
교통

(交通)

1. 택시 (タクシー)

타도 됩니까?
タド テムニカ
乗っても良いですか。

타세요.
タセヨ
乗ってください。

어디로 가세요?
オディロ　カセヨ
どちらに行かれますか。

○○로 가 주세요.
OOロ ガチュセヨ
○○に行ってください。

트렁크 열어 주세요.

トゥロンク ヨロ ジュセヨ

トランクを開けてください。

시간은 어느 정도 걸립니까?

シガヌン オヌ チョンド コッリムニカ

時間はどのくらいかかりますか。

요금이 얼마나 됩니까?

ヨグミ オルマナ テムニカ

料金はいくらぐらいですか。

빨리 가세요.

パッリ カセヨ

急いでください。

안전운전으로 가세요.

アンジョン ウンジョンヌロ カセヨ

ゆっくり(安全運転で)
行ってください。

ヨルチャ
2. 열차(列車)

부산으로 가는 표는 있어요?
プサヌロ カヌン ピョヌン イッソヨ
釜山行きの切符はありますか。

몇시 열차입니까?
ミョッシ ヨルチャイムニカ
何時の列車ですか。

내일 아침 열시경이 좋은데요.
ネイル アッチム ヨルシキョンイ チョウンデヨ
明日の午前10時頃がいいのですが。

열시 출발이 있습니다.
ヨルシ チュルバリ イッスムニダ
10時出発があります。

세장 주세요.
セジャン チュセヨ
3枚ください。

특등하고 일반석이 있습니다.
トゥットゥンハゴ イルバンソギ イッスムニダ
特等と一般席がありますが。

일반석을 살 수 있어요?
イルバンソグル サル ス イッソヨ
一般席が買えますか。

네, 있습니다.
ネー、イッスムニダ
はい、あります。

얼마에요? — いくらですか。
オルマエヨ

한 사람 이만구천원입니다. — 1人29,000ウォンです。
ハンサラム イマン クチョヌォンイムニダ

몇 시에 도착합니까? — 何時に着きますか。
ミョッシエ トチャクハムニカ

오후 두시 이십 오분입니다. — 午後２時２5分です。
オフ トゥシ イーシッオーブニムニダ

편도만이에요? — 片道だけでいいですか。
ピョンド マニエヨ

오는 것은 필요 없습니다. — 帰りは要りません。
オヌンゴスン ピリョ オプスムニダ

왕복을 주세요. — 往復をください。
ワンボグル チュセヨ

언제 돌아옵니까? — 帰りはいつですか。
オンジェ トラオムニカ

삼일 후 저녁 다섯시경으로 — 3日後の夕方5時ごろの切符を
サミル フ チョニョッ タソシキョンウロ

주세요. — ください。
チュセヨ

그것으로, 부탁합니다.　　それで、お願いします。
クゴスロ、ブッタカムニダ

감사합니다.　　ありがとうございます。
カムサハムニダ

이 열차는 부산행이에요?　　この列車は釜山行きですか。
イ ヨルチャヌン プサンヘンイエヨ

열시 출발이지요.　　10時出発ですよね。
ヨルシ チュルバリジヨ

네, 그렇습니다.　　はい、そうです。
ネー、クロッスムニダ

기차표를 보여 주세요.　　切符を拝見します。
キチャピョルル ボヨ チュセヨ

네, 여기에 있습니다.
ネー、ヨギエ イッスムニダ

はい、ここにあります。

커피, 도시락 있습니다.
コピ、トシラッ イッスムニダ

コーヒー、お弁当は
いかがですか。

여보세요, 커피 세잔 주세요.
ヨボセヨ、コピ セジャン チュセヨ

すみません、コーヒーを
3杯ください。

도시락 세 개 주세요.
ドシラッ セゲ チュセヨ

お弁当を3つください。

미안하지만, 두 개밖에 없습니다.
ミアナジマン、トゥゲバッケ オプスムニダ

すみませんが、
2つしかありません。

그럼, 두 개만 주세요.
クロム、トゲマン チュセヨ

では、2つください。

3. 고속버스(高速バス)

コソッバス

대구 가는 버스표는 어디서 テグ カヌン ボスピョヌン オディソ	大邱行きのバスのチケットは
살 수 있어요? サル ス イッソヨ	どこで買えますか。
○번 창구로 가세요. ○ボン チャングロ カセヨ	○番の窓口に行ってください。
다음 시간에 대구 가는 표를 タウム シガネ テグ カヌン ピョルル	次の大邱行きを
두 장 주세요. トゥジャン チュセヨ	2枚ください。
일반석입니까? イルバン ソギムニカ	一般席ですか。
우등석이 있으면 주세요. ウドゥンソギ イッスミョン チュセヨ	優等席があればください。
어디서 탑니까? オディソ タムニカ	どこで乗りますか。
○번 버스 타세요. ○ボン ボス タセヨ	○番のバスに乗ってください。

이 버스는 대구 갑니까?
イ ボスヌン テグ カムニカ
このバスは大邱行きですか。

그래요. 표 보여 주세요.
クレヨ、ピョ ボヨチュセヨ
そうです、チケットを見せてください。

이제 출발합니다.
イジェ チュルバル ハムニダ
間もなく出発します。

대구까지 앞으로 얼마나 갑니까?
テグカジ アプロ オルマナ カムニカ
大邱まではあとどの位かかりますか

한시간 정도일 거예요.
ハンシガン ジョンド イルコエヨ
1時間くらいでしょう。

4. 렌트카

レンタカー

여기서 렌트카 예약을
ヨギソ レントゥカ イェヤグル
こちらでレンタカーの予約は

할 수 있어요?
ハル ス イッソヨ
できますか。

운전기사도 필요하세요?
ウンジョンキサド ピリョハセヨ
運転手付きですか。

며칠간이에요?
ミョチルガニエヨ
何日間ですか。

내일부터, 이틀 간이에요.
ネイルブト、イトゥル ガニエヨ
明日から、2日間です。

몇분이 타세요?
ミョプニ タセヨ
何人乗られますか。

서울 주변이에요?
ソウル ジュビョニエヨ
ソウル周辺ですか。

네, 하루는 교외에
ネー、ハルヌン キョウェエ
はい、1日は郊外に

가고 싶은데요.
カゴ シップンデヨ
行きたいのですが。

민속촌하고 도자기 가마예요.
ミンソッチョンハゴ トジャギ カマエヨ

民俗村と陶磁器の窯場です。

얼마입니까?
オルマイムニカ

いくらですか。

예약이 됐습니다.
イェヤギ テッスムニダ

予約が取れました。

제5장

スッパック

숙박

(宿泊)

1. 호텔예약(ホテルの予約)

ホ テルイェヤク

여보세요, もしもし、
ヨボセヨ

예약을 하고 싶은데요. 予約をしたいのですが。
イェヤグル ハゴシップンデヨ

네, 언제입니까? はい、 いつでしょうか。
ネー、オンジェ イムニカ

다음달 십오일부터 来月の15日から
タウムタル シボーイルブト

이박입니다. 2泊ですけれど。
イーバギムニダ

몇 분이세요? 何名様ですか。
ミョップニセヨ

두 사람, 한 방으로 부탁합니다. 2人、1部屋をお願いします。
トゥサラム、ハンバンウロ ブッタカムニダ

트윈 침대가 좋은데요. ツインベッドが良いのですが。
トゥイン チムデガ チョウンデヨ

잠깐 기다리세요. 少々お待ちください。
チャムカン キダリセヨ

방을 준비할 수 있습니다. お部屋を準備できます。
バンウル ジュンビハル ス イッスムニダ

성함을 부탁드립니다.
ソンアムル ブッタッドゥリムニダ
お名前をお願いします。

야마모토 사오리와
ヤマモト サオリワ
山本さおりと

타나카 유키입니다.
タナカ ユキイムニダ
田中由紀です。

요금은 얼마예요?
ヨグムン オルマエヨ
値段はいくらですか。

우리 회원입니까?
ウリ フェオニムニカ
私共の会員でいらっしゃいますか。

네, 그래요.
ネー、クレヨ
はい、そうです。

그것으로 예약해 주세요.
クゴスロ イェヤケ チュセヨ
それで予約してください。

2. 체크인
チェック イン

체크인하십니까?
チェックイン ハシムニカ(チェックインですか)
お泊りですか。

이쪽으로 오십시오.
イチォクロ オシプショ
こちらにどうぞ。

예약하셨습니까?
イェヤカショッスムニカ
予約はされていますか。

네, 야마모토 사오리하고
ネー、ヤマモト サオリハゴ
はい、山本さおりと

타나카 유키입니다.
タナカ ユキイムニダ
田中由紀です。

예약이 되어 있습니다. 予約を承っております。
イェヤギテオ イッスムニダ

어서 오십시오. ようこそいらっしゃいました。
オソ オシプシオ

여기에 기입해 주세요. ここにご記入ください。
ヨギエ ギイッペ チュセヨ

이것이 열쇠와 아침 식권입니다. こちらが鍵と朝食券です。
イゴシ ヨルセワ アッチム シックォニムニダ

이층이 양식이고, 삼층이 2階が洋食で、3階が
イチュンイ ヤンシギゴ、サムチュンイ

한식입니다. 韓国料理です。
ハンシギムニダ

아침식사는 몇시부터입니까? 朝食は何時からですか。
アッチムシクサヌン ミョッシブト イムニカ

일곱시부터입니다. 7時からです。
イルゴップシブト イムニダ

방으로 안내해 드리겠습니다. お部屋にご案内いたします。
バンウロ アンネヘ ドゥリゲッスムニダ

짐을 들어 드리겠습니다. 荷物をお預かりします。
チムル トゥロ ドゥリゲッスムニダ

이 방입니다.
イ バンイムニダ

こちらのお部屋です。

전기 스위치는 여깁니다.
チョンギ スウィッチヌン ヨギムニダ

電気のスイッチはここです。

짐은 여기에 두겠습니다.
チムン ヨギエ トゥゲッスムニダ

荷物はこちらに置きます。

편히 쉬세요.
ピョニ シィセヨ

ごゆっくりどうぞ。

감사합니다, 수고하세요.
カムサハムニダ、スゴハセヨ

ありがとう、ご苦労様。

ルーム サー ビ ス
3. 룸서비스

룸서비스는 몇 번입니까?
ルムソビスヌン ミョッポニムニカ
ルームサービスは何番ですか。

룸서비스 부탁합니다.
ルムソビス ブッタッカムニダ
ルームサービスお願いします。

(방은) 몇호실입니까?
(バンオン) ミョトシリムニカ
お部屋番号は何番でしょうか。

주문은 뭘로 하세요?
チュムヌン ムォルロ ハセヨ
ご注文は何になさいますか。

메뉴는 있습니까?
メニュヌン イッスムニカ
メニューはありますか。

메뉴는 방에 있습니다.
メニュヌン バンエ イッスムニダ
メニューはお部屋にあります。

시간이 얼마나 걸려요?
シガニ オルマナ コッリョヨ
どの位時間がかかりますか。

될 수 있으면 빨리 갖다 주세요.
テル ス イッスミョン パルリ カッタ ヂュセヨ
なるべく早く持ってきてください。

룸서비스 아직 오지 않는데요.
ルムソビス アジッ オジ アンヌンデヨ

ルームサービスが
まだ来てないのですが。

아침식사 여덟시에 갖다 주세요.
アッチムシクサ ヨドルシエ カッタ チュセヨ

朝食を8時に持って
きてください。

아침식사는 뭘 드시겠습니까?
アッチムシクサ ムォルロ トゥシゲッスムニカ

朝食は何になさいますか。

아메리칸 브렉퍼스트와
アメリカン ブレッポストゥワ

アメリカンブレックファストと

홍차 주세요.
ホンチャ チュウセヨ

紅茶にします。

계산은 우리방으로
ケサヌン ウリバンウロ

勘定は部屋に

해 놓으세요.
ヘ ノウセヨ

つけておいてください。

방에 들어가지 마세요.
バン エ トゥロカジ マセヨ

部屋に入らないでください。

열한시에 나가겠습니다.
ヨランシエ ナガゲッスムニダ

11時に出かけます。

외출한 동안에 청소해 주세요.
オィチュルハン トンアネ チョンソヘ チュセヨ
外出している間に部屋を掃除してください。

부탁이 있는데요.
ブッタギ イッヌンデヨ
お願いがあるのですが。

편지지와 봉투를 주세요.
ピョンジジワ ボントゥルル チュセヨ
便箋と封筒をください。

다리미를 빌릴 수 있어요?
タリミルル ピルリル ス イッソヨ?
アイロンを貸してもらえますか。

(드라이어, 포트)
(ドゥライオ、ポトゥ)
(ドライヤー、湯沸しポット)

(실과 바늘, 가위)
(シルクァ バヌル、カウィ)
(糸と針、はさみ)

모닝콜 부탁합니다.
モニンコル ブッタカムニダ
モーニングコールをお願いします。

내일 아침, 일곱시에
ネイル アッチム、イルゴップシエ
明日の朝、7時にお願

부탁합니다.
ブッタカムニダ
いします。

내일아침까지

ネイルアッチムカジ

明日の朝までに

이것을 클리닝해 주세요.

イゴスル クリリニンヘ チュセヨ

これをクリーニングしてください。

다림질만 해주세요.

タリムジルマソ ヘチュセヨ

アイロンだけかけてください。

4. 전화(電話)
ヅョヌァ

일본으로 국제전화 하고 싶은데요.
イルボヌロ グッチェ ジョヌァ ハゴ シップンデヨ
(交換手を通じて)日本に国際電話をしたいのですが。

콜렉트콜로 부탁합니다.
コレクトゥコルロ ブッタカムニダ
コレクトコールでお願いします。

기다리세요.
キダリセヨ
お待ちください。

아무도 받지 않습니다.
アムド パッチ アンスムニダ
どなたもお出になりませんが。

다시 한번 걸어 볼까요?
タシハンボン コロ ボルカヨ
もう一度かけ直しますか。

한시간 후에 다시 걸어 주세요.
ハンシガン フエ タシ コロ チュセヨ
1時間後にかけ直してください。

어떤 공중전화로도
オットン コンジュンチョナロド
할 수 있어요.
ハル ス イッソヨ
どの公衆電話からもできます。

텔레폰카드 사세요.
テレポンカドゥ サセヨ
テレフォンカードを買ってください。

카드는 얼마예요?
カドゥヌン オルマエヨ
カードはいくらですか。

오천원과 만원짜리가 있어요.
オチョノンクァ マノンチャリガ イッソヨ
5千ウォンと1万ウォンのがあります。

만원짜리 주세요.
マノンチャリ チュセヨ
1万ウォンのをください。

5. 주문(注文)

チュムン

일본말 할 수 있는 사람이
イルボンマル ハル ス イッヌン サラミ
있어요?
イッソヨ

日本語の話せる人はいますか。

위성방송 볼 수 있어요?
ウィソンバンソン ボル ス イッソヨ

衛星放送が見られますか。

팩스를 보내 주세요.
ペックスルル ボネ チュセヨ

ファックスを送ってください。

인터넷을 쓸 수 있어요?
イントネッスル スル ス イッソヨ

インターネットを使えますか。

이 편지(엽서)를 일본에
イ ピョンジ(ヨプソ)ルル イルボネ
부치고 싶은데요.
ブチゴシップンデヨ

この手紙(葉書)を日本に
出したいのですが。

수영장은 몇 시부터
スヨンジャンオン ミョッシブト
몇시까지예요?
ミョッシカジエヨ

プールは何時から
何時までですか。

수영복은 살 수 있어요?
スヨンボグン サル ス イッソヨ
水着は買えますか。

사우나는 있어요?
サウナヌン イッソヨ
サウナはありますか。

(레스토랑, 바, 미용실, 이발소)
(レストォラン、バ、ミヨンシル、イバルソ)
レストラン、バー、美容室、床屋

관광안내소는 있습니까?
クァングァン アンネソヌン イッスムニか
観光案内所はありますか。

서울지도 받을 수 있어요?
ソウル チド パドゥル ス イッソヨ
ソウルの地図をもらえますか。

가이드를 소개해 주세요.
ガイドゥルル ソゲヘ チュセヨ
ガイドを紹介してください。

이 주변에 맛있는
イ ジュビョネ マシッヌン
この近くにおいしい

한식집이 있어요?
ハンシッチビ イッソヨ
韓国料理の店がありますか。

편의점은 어딥니까?
ピョニチョムン オディムニカ
コンビニはどこですか。

(백화점, 면세점)
(ペクァジョム、ミョンセジョム)
デパート、免税店

돈을 바꿀 수 있어요? 両替できますか。
トヌル パックル ス イッソヨ

세이프티 박스를 セイフティーボックスを
セイプティ バックスルル

사용하고 싶은데요. 使いたいのですが。
サヨンハゴ シップンデヨ

나갔다 오겠습니다. 出かけてきます。
ナガッタ オゲッスムニダ

열쇠를 맡아 주세요. 鍵を預かってください。
ヨルセルル マタ チュセヨ

열쇠를 주세요 鍵をください。
ヨルセルル チュセヨ

몇 호실입니까? 何号室ですか。
ミョトシリムニカ

삼백 십오 호실입니다. 315号室です。
サムベッ シボー ホシリムニダ

저에게 메시지는 없어요? 私にメッセージはありませんか。
チョエゲ メセジヌン オプソヨ

전화는 없었습니까? 電話はありませんでしたか。
チョナヌン オプソッスムニカ

6. 체크아웃 (チェック アウト)

체크아웃은 몇 시까지예요?
チェクアウスン ミョッシカジエヨ
チェックアウトは何時までですか。

열시까지입니다.
ヨルシカジイムニダ
10時までです。

열두시까지 연기할 수 있어요?
ヨルトゥシカジ ヨンギハル ス イッソヨ
12時まで延長できますか。

괜찮습니다, 가능합니다.
ケンチャンスムニダ
大丈夫です、できます。

죄송하지만, 할 수 없습니다.
チェソンハジマン、ハル ス オプスムニダ
申し訳ありませんが、できません。

추가요금을 지불하시면
チュガ ヨグムル チブルハシミョン
追加料金を支払いになれば

됩니다.
テムニダ
可能です。

짐을 가져가 주세요.
チムル カジョカ ヂュセヨ
荷物を取りにきてください。

짐을 맡길 수 있어요? 荷物を預かってもらえますか。
チムル マッキル ス イッソヨ

몇 시쯤에 찾으러 오실 거예요? 何時ごろ取りに来られますか。
ミョッシチュウメ チャジュロ オシルコエヨ

오후 두 시쯤에 오겠습니다. 午後2時ごろに来ます。
オフ トゥシチュメ オゲッスムニダ

귀중품은 없으세요? 貴重品はありませんか。
クィジュンプムン オプスセヨ

깨지기 쉬운 물건은 있습니까? 壊れ物はありますか。
ケジギ シィウン ムルコヌン イッスムニカ

없어요. ありません。
オプソヨ

냉장고 이용하셨습니까? 冷蔵庫をお使いですか。
ネンジャンゴ イヨンハショッスムニカ

지불은 어떻게 하시겠습니까? お支払いはどうされますか。
チブルン オットケ ハシゲッスムニカ

카드로(원으로) 부탁합니다. カードで(ウォン)でお願いします。
カドゥロ(ウォンヌロ)ブッタッカムニダ

이 카드는 쓸 수 있어요? — このカードは使えますか。
イ カドゥヌン スル ス イッソヨ

택시를 불러 주세요. — タクシーを呼んでください。
テクシルル プッロ チュセヨ

공항에 가는 리무진버스는 — 空港へのリムジンバスは
コンハンエ カヌン リムジンボスヌン

몇시에요? — 何時ですか。
ミョッシエヨ

십분 후에 옵니다. — 10分後に来ます。
シップン フエ オムニダ

여기 로비에서 기다리세요. — こちらのロビーでお待ちください。
ヨギ ロビエソ キダリセヨ

ヨ グァン トウ スッ
7. 여관투숙(旅館投宿)

이 근처에 여관이 있습니까?
イ クンチョエ ヨグァニ イッスムニカ
この近くに旅館はありますか。

안녕하세요, 방 있어요?
アンニョンハセヨ、バン イッソヨ
こんにちは、部屋はありますか。

네, 있습니다.
ネー、イッスムニダ
はい、空いています。

일박 얼마예요?
イルバッ オルマエヨ
1泊いくらですか。

삼만원입니다.
サンマノニムニダ
3万ウォンです。

죄송하지만 만실입니다.
チェソンハジマン マンシリムニダ
あいにく満室です。

목욕탕은 있어요?
モギョッタン イッソヨ
お風呂はついていますか。

방 보여 주세요.
バン ボヨ チュセヨ
部屋を見せてください。

온돌방(침대방) 없어요? **オンドルバン(チムデバン)オプソヨ**	オンドルの部屋(ベッドの部屋)はありませんか。
이 방으로 하겠습니다. **イ バンウロ ハゲッスムニダ**	この部屋にします。
여권 보여 주세요. **ヨクォン ボヨ チュセヨ**	パスポートを見せてください。
지금 방에 들어갈 수 있어요? **チグム バンエ トゥロガル ス イッソヨ**	今、部屋に入れますか。
한시간 후에 와 주세요. **ハンシガン フエ ワ チュセヨ**	1時間後に来てください。
아까 예약한 사람인데요. **アッカ イェヤッカン サラミンデヨ**	先ほど予約した者です。
신세졌습니다, 가겠습니다. **シンセ ジョッスムニダ、カゲッスムニダ**	お世話になりました、出発します。

ブルピョン ブルマン

8. 불평, 불만(不平, 不満)

텔레비전을 볼 수 없습니다. テレビがつきません。

テレビジョヌル ボル ス オプスムニダ

스탠드 불이 안 들어 옵니다. スタンドの電気がつきません。

ステンドゥ ブリ アン ドゥロ オムニダ

뜨거운 물이 안 나와요. お湯がでません。

トゥゴウン ムリ アン ナワヨ

수돗물이(화장실 물이) 水道の水が (トイレの水が)

スドムリ(ファジャンシルムリ)

계속 나와요. 止まりません。

ケソッ ナワヨ

이불(베개, 담요) 布団(まくら、毛布)

イブル(ベゲ、タムニョ)

한명분 더 주세요. もう1人分ください。

ハンミョンブン ト チュセヨ

방이 추워(더워)요. 部屋が寒い(暑い)です。

バンイ チュウォ(トウォ)ヨ

에어컨을 조절할 수 있습니까?
エオコヌル チョジョラル ス イッスムニカ
エアコンは調整できますか。

옆방이 시끄러워요.
ヨッ パンイ シックロウォヨ
隣の部屋がうるさいです。

에어컨 소리, 자동차 소리
(エオコン ソリ、チャドンチャ ソリ)
エアコンの音、車の音

방을 바꿔 주세요.
バンウル バックォ チュセヨ
部屋を替えてください。

방에 열쇠를 두고
バンエ ヨルセルル トゥゴ
部屋に鍵を置いて

나왔습니다.
ナワッスムニダ
出てしまいました。

미안하지만, 방을
ミアナジマン、バンウル
すみません、

더럽혔습니다.
トロルピョッスムニダ
部屋を汚してしまいました。

제6장

レ ス ト ラン
레스토랑

ツクダンイェヤク
1. 식당예약(食堂予約)

여보세요, ○ ○ 입니다.
ヨボセヨ、○○イムニダ

もしもし○ ○ です。

내일 밤 예약할 수 있어요?
ネイル バム イェヤク ハル ス イッソヨ

明日の晩、予約できますか。

네, 할 수 있습니다.
ネー、ハル ス イッスムニダ

はい、 できます。

몇 분이세요?
ミョッ プニセヨ

何名様でいらっしゃいますか。

여섯명입니다.
ヨソッミョン イムニダ

6人です。

몇 시쯤 오시겠습니까?
ミョッシチュウム オシゲッスムニカ

何時ごろお見えですか。

일곱시경에 가겠습니다.
イルゴップシキョンエ カゲッスムニダ

7時頃伺います。

코스는 얼마짜리가 있어요?
コスヌン オルマチャリガ イッソヨ

コースはいくらのがありますか。

일인당 삼만원부터
イリンダン サンマノンブト
お1人3万ウォンから

오만원까지 있습니다.
オマノンカジ イッスムニダ
5万ウォンまであります。

음료수는 따로 계산합니다.
ウムニョスヌン タロ ケサンハムニダ
お飲み物は別会計です。

그러면 오만원 코스
クロミョン オマノン コス
それでは5万ウォンコースを

부탁드립니다.
ブッタカムニダ
お願いします。

귀한 손님이니까
クィハン ソンニミイニカ
大事なお客様ですから

좋은 방을 준비해 주세요.
チョウン バンウル ジュンビヘ チュセヨ
良い部屋を準備してください。

물론이지요, 기다리겠습니다.
ムッロンイジヨ、キダリゲッスムニダ
もちろん、お待ちしております。

2. 식사, 요리(食事, 料理)

シクサ　ヨリ

오늘 초대해 주셔서
オヌル チョデヘ ヂュショソ

今日はご招待いただきまして、

대단히 감사합니다.
テダニ カムサハムニダ

大変ありがとうございます。

먼 곳을 잘 오셨습니다.
モン ゴスル チャル オショッスムニダ

遠い所をよくいらっしゃいました。

오늘은 한국의
オヌルン ハングゲ

今日は韓国の

전통요리를 드십시오.
チョントンヨリルル トゥシプシヨ

伝統料理を召し上がってください。

술은 뭘로 드시겠습니까?
スルン ムォルロ トゥシゲッスムニカ

お酒は何がよろしいですか。

추천할 만한 것이 있습니까?
チュチョンハル マナン ゴシ イッスムニカ

おすすめがありますか。

전통적인 술은 어떠십니까?
チョントンジョギン スルン オットシムニカ

伝統的なお酒はいかがですか。

좋습니다. **チョッスムニダ**	いいですね。
미안하지만, 술은 못합니다. **ミアナジマン、スルン モッタムニダ**	すみませんが、 お酒は飲めません。
제게는 주스를 주세요. **チェゲヌン ジュスルル チュセヨ**	私にはジュースをください。
우선, 맥주로 건배합시다. **ウソン、メッチュロ コンベ ハプシダ**	まず、ビールで乾杯しましょう。
그럼, 건배! **クロム、コンベ**	それでは、乾杯。
먼저, 호박죽을 드세요. **モンジョ、ホバッチュグル トゥセヨ**	最初に、かぼちゃのお粥をど うぞ。
나중에 여러 가지 나옵니다. **ナチュンエ ヨロガジ ナオムニダ**	後からいろいろと出てきます。
이것은 처음 먹어 봅니다. **イゴスン チョウム モゴ ボムニダ**	これは初めて食べます。
이것은 무엇으로 **イゴスン ムオスロ**	これは何で

만들어졌어요? **マンドゥロジョッソヨ**	できてますか。
일본에서는 드물어요. **イルボネソヌン トゥムロヨ**	日本では珍しいですね。
정말 여러 종류가 있는데요. **チョンマル ヨロ チョンニュガ イッヌンデヨ**	本当にたくさん種類があり ますね。
입에 맞으십니까? **イベ マジュシムニカ**	お口に合いますか。
네, 참 맛있습니다. **ネー、チャム マシッスムニダ**	はい、とてもおいしいです。
이 고기는 아주 연해요. **イ コギヌン アジュ ヨネヨ**	この肉はとても柔らかいですね。
이것은 몸에 좋습니다. **イゴスン モメ チョッスムニダ**	これは体にも良いですよ。
이제 배가 많이 불러요. **イジェ ペガ マニ プルロヨ**	もう、お腹がいっぱいです。
이 이상 먹을 수 없어요. **イ イサン モグル ス オプソヨ**	これ以上食べられません。

아직, 후식이 있습니다. **アジッ、フシギ イッスムニダ**	まだ、デザートがあります。
이것은 떡입니다. **イゴスン トッギムニダ**	これはお餅です。
전통적인 음료수입니다. **チョントンジョギン ウムニョスイムニダ**	伝統的な飲み物です。
오늘은 정말 잘 **オヌルン チョンマル チャル**	今日は本当に
먹었습니다. **モゴッスムニダ**	ご馳走になりました。
천만에요. **チョンマネヨ**	どういたしまして。
즐거운 시간 감사합니다. **チュルゴウン シガ カムサハムニダ**	楽しい時間、 ありがとうございました。
계산 부탁합니다. **ケサン ブッタカムニダ**	お会計お願いします。
카드로 지불할 수 있어요? **カドゥロ チブ ハル ス イッソヨ**	カードで支払えますか。

네, 괜찮습니다.　　ええ、結構ですよ。
ネー、ケンチャンスムニダ

현금으로 부탁합니다.　　現金でお願いします。
ヒョングムロ ブッタカムニダ

영수증 주세요.　　領収書をください。
ヨンスジュン チュセヨ

이름은 어떻게 할까요?　　名前はどうしましょうか。
イルムン オットケ ハルカヨ

KS상사로 부탁합니다.　　KS商事でお願いします。
KSサンサロ ブッタカムニダ

맛있게 먹었어요.　　美味しかったですよ。
マシッケ モゴッソヨ

대단히 감사합니다.　　大変有難うございました。
テダニ カムサハムニダ

또, 오십시오.　　また、おいでください。
ト、オシプシオ

3. 주문(注文)

チュムン

배가 고프죠? **ベガ コップジョ**	お腹がすいたでしょう。
뭘 먹을까요? **ムォル モゴルカヨ**	何を食べましょうか。
한국요리가 먹고 싶어요. **ハングッヨリガ モッコ シッポヨ**	韓国料理が食べたいです。
진짜 돌솥 비빔밥을 **チンチャ トルソッ ビビンバブル**	本場の石焼きビビンバッが
먹고 싶어요. **モッコ シッポヨ**	食べたいです。
그럼 여기 근처에 유명한 **クロム ヨギ クンチョエ ユミョンハン**	ではこの近くに有名な
집이 있어요. **チビ イッソヨ**	店があります。
데려가 주세요. **テリョ カ チュセヨ**	連れていってください。
어서 오십시오 **オソ オシプシオ**	いらっしゃいませ。

몇 분이세요? **ミョッ プニセヨ**	何名様ですか。
세사람이에요 **セサラミエヨ**	3人です。
이층에 올라가도 돼요? **イーチュンエ オッラガド テヨ**	2階に上がってもいいですか。
어서 올라 가세요. **オソ オッラ ガセヨ**	どうぞ上がってください。
저쪽에 앉아도 돼요? **チョッチョゲ アンジャド テヨ**	あっちに座ってもいいですか。
네, 앉으세요. **ネー、アンジュセヨ**	はい、 お座りください。
뭘 하시겠습니까? **ムォル ハシゲッスムニカ**	何になさいますか。
주문하세요. **チュムナセヨ**	ご注文は。

일본어 메뉴 있어요?
イルボノ メニュー イッソヨ
日本語メニューありますか。

뭐가 맛있습니까?
ムォガ マシッスムニカ
何がおいしいですか。

술은 뭘 하세요?
スルン ムォル ハセヨ
お酒は何にしますか。

동동주를 주세요.
トンドンジュルル チュセヨ
トンドンジュをください。

(맥주, 소주)
(メッチュ、ソジュ)
ビール、焼酎

돌솥비빔밥 세 개
トルソッビビンバプ セゲ
石焼ビビンバプ3つ

불고기 사인분
ブルゴギ サインブン
焼肉4人分

갈비구이 이인분
カルビグイ イインブン
カルビクイ2人分

빈대떡 하나
ピンデットッ ハナ
ビンデトック1つ

아주 좋은 냄새
アジュ チョウン ネムセ
とてもいいにおい。

매운 것은 괜찮아요?
メウン ゴスン ケンチャナヨ
辛いのは大丈夫ですか。

너무 좋아해요.
ノム チョアヘヨ
大好きです。

매운 것은 잘 못먹어요.
メウン ゴスン チャル モン モゴヨ
辛い物は苦手です。

너무 맵게 하지 마세요.
ノム メッケ ハジ マセヨ
あまり辛くしないで下さい。

접시 주세요.
チョプシ チュセヨ
小皿をください。

이것은 주문 안 했어요.
イゴスン チュムン アネッソヨ
これは注文していません。

요리 안에 뭔가 들어 있어요.
ヨリ アネ ムォンガ トゥロ イッソヨ
料理の中に何かが
入っています。

바꿔 주세요.
パックォ ヂュセヨ
替えてください。

맥주는 아직 안 나와요? **メッチュヌン アジッ アン ナワヨ**	ビールはまだですか。
이거 어떻게 먹어요? **イゴ オットッケ モゴヨ**	これはどうやって食べるですか。
김치 더 주세요. **ギムチ ト チュセヨ**	キムチをもっと下さい。
얼마든지 주문할 수 있어요. **オルマドヌンジ チュムン ハル ス イッソヨ**	いくらでも頼めますよ。
좋은데요. **チョウンデヨ**	嬉しいですね。
(신나는데요. 너무 좋네요.) **(シンナヌンデヨ。 ノム チョンネヨ)**	(いいですね。 とても嬉しいです)
반찬이 많이 나오네요. **パンチャニ マニ ナオネヨ**	おかずがたくさん出ますね。
여기는 음식이 싸네요. **ヨギヌン ウムシギ サネヨ**	こちらは食べ物が安いですね。
그래서, 너무 많이 먹었어요. **クレソ、ノム マニ モゴッソヨ**	それで、つい食べ過ぎました。

너무 무리하지 마세요.
ノム ムリハジ マセヨ
余り無理しないでください。

아주 맛있었어요.
アジュ マシッソッソヨ
とてもおいしかったです。

어디서 지불합니까?
オディソ チブラムニカ
どこで支払うのかしら。

제가 계산했습니다
チェガ ケサネッスムニダ.
私が払いました。
(計算しました。)

아니, 우리가 하겠어요.
アニ、ウリガ ハゲッソヨ
そんな、私達が払います。

오늘은 제가 내겠어요.
オヌルン チェガ ネゲッソヨ
今日は私が出します。

그럼, 다음에는 우리가
クロム、タウメヌン ウリガ
では、この次は私達が

사겠습니다.
サゲッスムニダ
ご馳走します。

4. 패스트푸드（ファーストフード）

맥도널드로 갑시다. — マグドナルドに行きましょう
メッドゥナルド ガプシダ

햄버거 두 개하고 콜라, — ハンバーガー 2 つとコーラ
ヘムボゴ トゥゲハゴ コッラ

카페오레 주세요. — カフェオレください。
カペオレ チュセヨ

아이스커피 하나 — アイスコーヒー 一つ
アイスコピ ハナ

감자튀김 큰 것도 하나 — フライドポテトのLも一つ
カムジャティギム クン ゴト ハナ

주세요. — ください。
チュセヨ

케찹은 있습니까? — ケチャップありますか。
ケチャブン イッスムニカ

설탕과 우유는 — 砂糖とミルクは
ソルタングァ ウユヌン

여기에 있습니다.
ヨギエ イッスムニダ
こちらにあります。

여기서 드시겠습니까?
ヨギソ トゥシゲッスムニカ
ここでお召し上がりになりますか。

여기서 먹어요.
ヨギソ モゴヨ
ここで食べます。

포장해 주세요.
ポジャンヘ チュセヨ
持ち帰ります。

전부 팔천 육백원입니다.
ジョンブ パルチョン ユッペグォニムニダ
全部で 8,600ウォンです。

자리에 갖다 드리겠습니다.
チャリエ カッタ ドゥリゲッスムニダ
席にお持ちします。

여기는 자리가 있습니까?
ヨギヌン チャリガ イッスムニカ
こちらの席は空いていますか。

여기 앉아도 돼요?
ヨギ アンジャド テヨ
ここに座ってもいいですか。

5. 한국요리(韓国料理)
ハソクッ ヨ リ

ハンジョンシク 한정식	韓定食	スープとご飯そして色々なおかずの定食
クンジュン ヨ リ 궁중요리	宮中料理	いちばんの高級料理。たくさんの　種類がコースまたはお膳に一杯出ます。
プル ゴ ギ 불고기	焼肉	味付けした牛肉を焼いて食べますが、汁気が多めです。
カル ビ グ イ 갈비구이	カルビ焼き	あばらの骨つきの牛肉。 こちらの方が日本の焼き肉に近い。
サムギョプサル 삼겹살	サムギョプサル	豚肉の三枚肉を焼いてごま油と塩で食べる。
シャ ブ シャ ブ 샤부샤부	シャブシャブ	日本のより具がたくさん。いっぺんに入れ、寄せ鍋風にして食べる。
テンジャン チ ゲ 된장찌개	テンジャンチゲ	庶民が日常的に食べる味噌鍋
カル ビ タン 갈비탕	カルビタン	あばら骨の牛肉スープ
トルソッ ビ ビンバプ 돌솥비빔밥	石焼きビビンバプ	石の器にご飯と具がのっておりよく混ぜて食べる
ネンミョン 냉면	冷麺	冷たいスープの中にこしのある麺が入っている

パ ジョン 파전	パジョン(チジミ)	ねぎや海産物をお好み焼き風に焼いた物
ビン デ トック 빈대떡	ビンデトック	緑豆の粉に豚肉などを入れて焼いたもの。パジョンと共に女性に大人気
サム ゲ タン 삼계탕	参鶏湯	もち米、高麗人参、なつめ等で詰め物をされた若鶏一匹が入ったスープ。夏バテに効くと言われています。

제7장

쇼핑(ショピング)

1. 전화문의(電話で問い合わせ)
チョ ナ ムンウイ

감사합니다. ○ ○ 입니다. — ありがとうございます。○○です
カムサハムニダ. ○○イムニダ.

가게 영업시간을 가르쳐 — お店の営業時間を教えて
カゲ ヨンオップシガヌル カルチョ

주세요. — ください。
チュセヨ

아침 열시부터 — 朝10時から
アッチム ヨルシブト

밤 여덟시까지입니다. — 夜８時までです。
バム ヨドルシカジムニダ

휴일은 언제입니까? **ヒュウイルン オンジェイムニカ**	休みはいつですか。
매주 월요일입니다. **メジュ ウォリョイリムニダ**	毎週月曜日です。
여자용 운동화가 있습니까? **ヨジャヨン ウンドンホァガ イッスムニカ**	女性用のスニーカーを扱っていますか。
네, 있습니다. **ネー、イッスムニダ**	はい、 あります。
미안하지만, 없습니다. **ミアナジマン オプスムニダ**	すみませんが、 扱っていません。
거기는 어떻게 갑니까? **ゴギゲヌン オットケ カムニカ**	そちらにはどう行けば いいですか。
여보세요, 야마다인데요, **ヨボセヨ。ヤマダインデヨ**	もしもし、 山田ですが、
부탁한 물건은 됐어요? **ブッタカン ムルコヌン テッソヨ?**	頼んだ品物はできていますか。
네, 됐습니다. **ネー、テッスムニダ**	はい、 できています。

언제든지 오세요. いつでもいらしてください。
オンジェドゥンジ オセヨ

여보세요. 거기서 산 もしもし、そちらで買った
ヨボセヨ、ゴギソ サン

스카프를 두고 왔는데요. スカーフを忘れてきたのですが。
スカプルル トゥゴ ワッヌンデヨ

네, 보관하고 있습니다. はい、お預かりしています。
ネー、ポガンナゴ イッスムニダ

아니오, いいえ、
アニオ

두고 간 것이 없는데요. 忘れ物はありませんでした。
トゥゴ カン ゴシ オッヌンデヨ

2. 점원의 안내(店員の案内)

チョムウォンウイ アンネ

어서 오세요. いらっしゃいませ。
オソオセヨ

뭘 찾으십니까? 何をお探しですか。
ムォル チャジュシムニカ

선물을 고르고 있습니다. お土産を探しています。
ソンムル コルゴ イッスムニダ

어떤 것을 원하세요? どんな物がよろしいでしょう?
オットンゴスル ウォナセヨ

글쎄요. 뭔가 한국적인 것이 **クルッセヨ、ムォンガ ハングッジョギン ゴシ**	そうですね、何か韓国的な
좋은데요. **チョウンデヨ**	ものがいいですね。
어떤 분에게 선물하실 거예요? **オットン ブネゲ ソンムル ハシル コエヨ?**	どんな方にプレゼント されるのですか。
회사직원에게 줄까 합니다. **フェサチグゥネゲ チュルカ ハムニダ**	職場の人に買ってあげたいと 思います。
기념이 될 만한 것을 찾고 **キニョミ テルマナン ゴスル チャッコ**	記念になるような物を探して
있어요. **イッソヨ**	います。
이런 것은 어때요? **イロンゴスン オッテヨ**	こんなのはどうですか。
예쁜데요. **イェップンデヨ**	綺麗ですね。
어디에 쓰는 거예요? **オディエ スヌン ゴエヨ**	何に使うのですか。

액세사리 넣어도 좋고요.
エクセソリ ノオド チョッコヨ
アクセサリーを入れてもよいです

이 큰 것은 과자함이에요?
イ グンゴスン クァジャハミエヨ
この大きいのは菓器ですか。

그렇습니다.
クロッスムニダ
そうですね。

일본사람들이 좋아합니다.
イルボンサラムドゥリ チョアハムニダ
日本の人たちに好まれます。

가볍고 부피가 작은
カビョッコ ブピガ チャグン
軽くて小さい物は

것은 없어요?
ゴスン オプソヨ
ないですか。

그러면, 스카프는 어떠십니까?
クロミョン、スカプヌン オットシムニカ
それでは、スカーフなどは
いかがですか。

어떤 무늬가 있는가 보여
オットン ムニガ イッヌンガ ボヨ
どんな柄があるのか見せて

주세요.
チュセヨ
ください。

조금 더 생각해 보겠습니다.
チョグム ト センガッケ ボゲッスムニダ
もう少し考えてみます。

좀 구경만 합시다.
チョム クギョンマン ハプシダ

ちょっと見るだけです。

언제든지 또 오세요.
オンジェドゥンジ トオセヨ

またいつでもご来店下さい。

3. 의류구매(衣類購買)

ウイリュ クメ

손님, 마음에 드시면 **ソンニム、マウメ ドゥシミョン**	お客様、よかったら
입어 보세요. **イボ ボセヨ**	試着なさってください。
손님, 천천히 보세요. **ソンニム、チョンチョニ ボセヨ**	お客様、ゆっくりご覧ください。
치마는 어디에 있어요? **チマヌン オディエ イッオヨ**	スカートはどこにありますか。
(바지, 와이셔츠, 자켓, 양복, **バジ、ワイシャツ、ジャケツ、ヤンボッ**	(ズボン、Yシャツ、ジャケット、
티셔츠, 블라우스) **ティショツ、ブルラウス)**	スーツ、Tシャツ、ブラウス)
저 오른쪽 판매장에 있습니다. **チョ オルンチョッ パンメジャンエ イッスムニダ**	あちら右手の売り場にあります。
그것 보여 주세요. **クゴッ ボヨ チュセヨ**	それを見せてください。
저 티셔츠는 얼마예요? **チョ ティシャツヌン オルマエヨ**	あのTシャツはいくらですか。

다른 사이즈 있어요?
タルン サイジュ イッソヨ
他のサイズはありますか。

(색, 디자인)
(セッ、ディジャイン)
(色、デザイン)

흰색이 좋은데요.
フィンセギ チョウンデヨ
白いのが欲しいのですが。

(빨간 것, 파란 것,
(パルカン ゴッ、パラン ゴッ
(赤いの、青いの、

밤색, 검정)
パムセッ、コムジョン)
茶色いの、黒いの)

입어 봐도 돼요?
イボ バド テヨ
試着できますか。

어떠세요?
オットセヨ
いかがでしたか。

좀 작아요.
チョム チャガヨ
少しきついです。

더 큰 거 있어요?
ト クン ゴ イッソヨ
もっと大きいのはありますか。

(짧은 것, 긴 것,
(チャルブン ゴッ、キン ゴッ
(短いの、長いの、

좁은 것, 넓은 것,
チョブン ゴッ、ノルブン ゴッ
細いの、幅広いの

작은 것, 싼 것)
チャグン ゴッ、サン ゴッ)
小さいの、安いの)

같은 사이즈로 다른 색으로
カトゥン サイズロ タルン セグロ
同じサイズで色違いを

몇 가지 사고 싶은데요.
ミョッカジ サゴ シップンデヨ
いくつかほしいのですが。

이 재질은 뭐예요?
イ ぜジルン ムォエヨ
この材質は何ですか。

면티는 있습니까?
ミョンティヌン イッスムニカ
綿のシャツはありますか。

순모 바지는 없어요?
スンモ パジヌン オプソヨ
ウールのパンツはありませんか。

주름이 생기기 쉬운데요.
チュルミ センギギ シィウンデヨ
シワになりやすいですね。

주름이 생기지 않는 것이
チュルミ センギジ アヌン ゴシ
シワにならないのが

좋아요. 良いのですが。
チョアヨ

넥타이를 보여 주세요. ネクタイを見せてください。
ネクタイルル ボヨ チュセヨ

선물이에요? 贈り物ですか。
ソンムリエヨ

네, 그래요. はい、 そうです。
ネー、クレヨ

몇 살쯤 되시는 분이에요? おいくつぐらいの方ですか。
ミョッサルチュム テシヌン ブニエヨ

삼십대하고, 약간 나이든 30代と、少し年配の
サムシッデハゴ、ヤッカン ナイドゥン

사람이에요. 人です。
サラミエヨ

최근 유행이 어떤 무늬예요? 最近の流行はどんな柄ですか。
チェグン ユッヘンイ オットン ムヌィエヨ

이런 것이 잘 나가요. これなど、よく出ますが
イロン ゴシ チャル ナガヨ

조금 더 화려한 것이 — もう少し派手なのが
チョグム ト ファリョハン ゴシ

좋은데요. — いいですが。
チョウンデヨ

이것과 이것을 선물용으로 — これとこれをプレゼント用に
イゴクァ イゴスル ソンムルヨンウロ

포장해 주세요. — 包んでください。
ポジャンヘ チュセヨ

어떤 것인지 알 수 있게 — どれか分かるように
オットンゴシンジ アル ス イッケ

표시를 해주세요. — マークをつけてください。
ピョシルル ヘチュセヨ

어린이 옷을 보여 주세요.
オリニオスル ボヨ チュセヨ
子供服を見せてください。

생일선물하려고요.
センイルソンムル ハリョゴヨ
誕生祝いにしたいのですが。

몇 살짜리 아기예요?
ミョッサルチャリ アギエヨ?
いくつのお子さんですか。

이제 한 살짜리 아긴데요.
イジェ ハンサルチャリ アギンデヨ
まだ一才の赤ちゃんです。

약간 큰 것이 좋을 거예요.
ヤッカン クン ゴシ チョウル ゴエヨ
少し大きめがよろしいでしょう。

남자예요, 여자예요?
ナムジャエヨ、ヨジャエヨ
男のお子さんですか、
女のお子さんですか。

여자아이예요.
ヨジャアイエヨ
女の子です。

이것은 어때요?
イゴスン オッテヨ
こちらはいかがですか。

봉투 뜯어 봐도 됩니까?
ボントゥ トゥド バド テムニカ
袋を開けてもいいですか。

어서 뜯어 보세요. どうぞ開けてください。
オソ トゥド ボセヨ

뜯지 마세요. 開けないでください。
トゥッチ マセヨ

여기에 같은 것이 있습니다. こちらに同じのがあります。
ヨギエ カトゥン ゴシ イッスムニダ

이 구두 신어 봐도 돼요? この靴を履いてもいいですか。
イ クドゥ シノ バド テヨ

여기 앉아서 신어 보세요. ここに座って履いてみてください
ヨギ アンジャソ シノ ボセヨ

약간 작아요. すこしきついです。
ヤッカン チャガヨ

하나 더 큰 사이즈는 있어요? ひとつ上のサイズはありますか。
ハナ ト クン サイズヌン イッソヨ

잠깐 기다리세요. 少々お待ちください。
チャムカン キダリセヨ

여기 나와 있는 것뿐이에요. ここに出ているだけです。
ヨギ ナワ イッヌン ゴッ プニエヨ

굽이 낮은(높은) 구두를 **クビ ナジュン (ノップン)クドゥルル**	かかとの低い(高い)靴を
찾고 있어요. **チャッゴ イッソヨ**	探しています。
편한 구두 없어요? **ピョナン グドゥ オプソヨ**	履きやすい靴はありませんか。
이것은 가죽(합성가죽) **イゴスン カジュッ(ハプソンカジュッ)**	これは革(合成革)靴
구두예요? **クドゥエヨ**	ですか。
더 부드러운 것은 없어요? **ト ブドゥロウン ゴスン オプソヨ**	もっと柔らかい革は ありませんか。
이 메이커 중에 가장 새로운 **イ メイカ チュンエ カジャン セロウン**	このメーカーの一番新しい
운동화는 어느 것이에요? **ウンドンファヌン オヌ ゴシエヨ**	スニーカーはどれですか。
이 모델이에요. **イ モデリエヨ**	このモデルです。

アクセサリ クメ
4. 액세사리 구매(アクセサリー購買)

반지 보여 주세요.
バンジ ボヨ チュセヨ
指輪を見せてください。

끼어 봐도 돼요?
キオ バド テヨ
はめてもいいですか。

네, 끼어 보세요.
ネー、キヨ ボセヨ
はい、どうぞ、お試しください。

이것은 색이 짙어서 예쁩니다.
イゴスン セギ チトソ イェップムニダ
これは色が濃くて奇麗ですね。

조금 더 돌이 작은 것이
チョグム ト トリ チャグン ゴシ
もう少し石が小さい方が

좋아요.
チョアヨ
いいです。

그것 잘 맞는데요.
クゴッ チャル マッヌンデヨ
それがよくお似合いですが。

그래요? 약간 큰데요.
クレヨ? ヤッカン クンデヨ
そうですか? 少し大きいですけれど。

젊은 애들이 좋아하는
チョルムン エドゥリ チョアハヌン
少し若者向けの

디자인은 없어요?
ディジャインヌン オプソヨ

デザインはありませんか。

귀걸이하고 세트로
グィゴリ ハゴ セトゥロ

イヤリングとセットで

사고 싶은데요.
サゴ シップンデヨ

欲しいのですが。

더 조금 싼 것이라도 좋은데요.
ト チョグム サン ゴラド チョウンデヨ

もう少し安い物だと
良いのですけれど

예산은 어느 정도입니까?
イェサンヌン オヌ ジョンド イムニカ

ご予算はおいくら位ですか。

그럼 이것이 적당한
クロム イコシ チョッタンハン

ではこれなど

가격일 겁니다.
カギョギル コムニダ

お手頃です。

クィゴリ ピオス 귀걸이, 피어스	イヤリング、 ピアス	パンジ ブロチ 반지, 브로치	指輪、 ブローチ
モッコリ 목걸이	ネックレス	クム ウン 금, 은	金、銀
ペンドントゥ パルチ 펜던트, 팔찌	ペンダント、 ブレスレット		

5. 약구매(薬購買)
ヤック メ

배가 아픈데요. お腹が痛いのですが。

ペガ アプンデヨ

어떻게 아파요? どのように痛いのですか。

オットケ アパヨ

체한 것 같아요. 食あたりだと思います。

チェハン ゴ カッタヨ

설사가 나와요. 下痢をしています。

ソルサガ ナワヨ

열이 있습니까? 熱はありますか。

ヨリ イッスムニカ

없습니다. **オプスムニダ**	ありません。
그러면 이 약을 삼일분 **クロミョン イ ヤグル サミルブン**	それではこの薬を３日分
드리겠습니다. **トゥリゲッスムニダ**	出します。
하루에 세 번 식후에 드세요. **ハルエ セボン シックエトゥセヨ**	一日3回食後に飲んで下さい。
인삼차는 있습니까? **インサムチャヌン イッスムニカ**	人参茶はありますか。
인삼에는 엑기스도 **インサメヌン エギスド**	人参茶にはエキスもあります。
있습니다. **イッスムニダ**	
어느 쪽이 더 효과가 **オヌチョッギ ト ヒョクァガ**	どちらがよく効きますか。
있어요? **イッソヨ**	
그럼 그것도 한상자 주세요. **クロム、クゴド ハンサンジャ チュセヨ**	では、それも一箱ください。

6. 김치구매(キムチ購買)
キム チ ク メ

김치는 어디에 있어요? キムチはどこに置いてありますか。
キムチヌン オディエ イッソヨ

이 뒤쪽 코너에 있습니다. この後ろのコーナーにあります。
イ トゥィチョッ コナエ イッスムニダ

이 김치의 종류는 このキムチの種類は
イ キムチエ チョンニュヌン

무엇입니까? 何ですか。
ムオシムニカ

일본으로 가져가니까 日本に持って行くので
イルボヌロ ガジョカニカ

잘 포장해 주세요. 良く包んでください。
チャル ポジャンへ チュセヨ

[김치종류(キムチ種類)]

배추김치	ベチュキムチ	一番代表的な白菜キムチです。
보쌈김치	ボッサム(包み)キムチ	白菜の葉で包んであり、中身は大根、棗、栗、松の実、かきなどが入った高級品
오이김치	オイキムチ	きゅうりキムチでさっぱりして夏向き
깍두기	カトゥギ	大根の角切りキムチ
총각김치	チョンガキムチ	固い種類の大根を葉のまんま丸ごと漬け込み、しっかりした歯ごたえ

7. 지불(支払い)

チブル

계산은 어디서 합니까? — 会計はどこでしますか。
ケサヌン オディソ ハムニカ

레지는 거기에 있습니다. — レジはあそこにあります。
レジヌン コギエ イッスムニダ

전부 얼마나 되지요? — 全部でいくらになりますか。
ジョンブ オルマナ テジヨ

삼만 오천원 되겠습니다. — 3万5千ウォンになります。
サンマン オーチョノン テゲッスムニダ

영수증하고 잔돈입니다. — レシートとお釣りです。
ヨンスジュンハゴ チャンドニムニダ

이것은 얼마입니까? — これはいくらですか。
イゴスン オルマイムニカ

만오천원입니다. — 1万5千ウォンです。
マノーチョノン イムニダ

조금 비싸네요. — 結構高いですね。
チョグム ビッサネヨ

좀 싸게 해 주세요. もう少しまけてください。
チョム サゲ ヘ ジュセヨ

안돼요. だめです。
アンデヨ

싸게 해 주면 まけてくれたら
サゲ ヘ ジュミョン

두 개나 살 건데요. ２つも買うけど。
トゥゲナ サルコンデヨ

그럼 천원만 깎아 줄게요. では千ウォンだけまけます。
クロム チョノンマン カッカ チュルゲヨ

그럼, 두 개 주세요. じゃ、２つください。
クロム、トゥゲ チュセヨ

많이 파세요. たくさん売ってください。
マニ パセヨ(これもお店の人にいう常套句)

제8장

クァングァン

관광

(観光)

クァングァンアン ネ ソ　ヨ ヘン サ

1. 관광안내소 · 여행사(観光案内所・旅行社)

안녕하세요, 서울시내 지도를 **アンニョンハセヨ、ソウルシネ チドルル**	こんにちは、ソウル市内の地図を
받을 수 있어요? **バドゥル ス イッソヨ**	いただけますか。
이것은 무료입니까? **イゴスン ムリョイムニカ**	これは無料ですか。
거기에 있으니까 **コギエ イッスニカ**	そこにありますので
가져 가세요. **カジョカセヨ**	お持ちください。
한국지도도 있으면 주세요. **ハングッ チドド イッスミョン チュセヨ**	韓国地図もあればください。
시내투어는 여기서 **シネ トゥオヌン ヨギソ**	市内ツアーはここで
예약할 수 있어요? **イェヤカル ス イッソヨ?**	予約できますか。

판문점투어에
パンムンジョム トゥオエ
板門店ツアーに

참가할 수 있어요?
チャムガ ハル ス イッソヨ?
参加できますか。

투어안내 팜플렛 있습니다.
トゥオ アンネ パムプッレッ イッスムニダ
ツアーの案内
パンフレットがあります。

지불은 여행사에서
チブルン ヨヘンサエソ
お支払いは旅行社で

해주세요.
ヘ ジュセヨ
お願いします。

아홉시에 ○○호텔 로비에
アホップシエ ○○ホテルロビエ

9時に○○ホテルのロビーに

집합해 주세요.
チッパペ チュセヨ

集合してください。

지방 소개자료는 있어요?
チバン ソゲチャリョヌン イッソヨ?

地方の紹介資料はありますか。

일본어판은 어느 것이에요?
イルボノパヌン オヌ ゴシエヨ?

日本語版はどれですか。

コソヨソヅャン チ ケット ク メ

2. 공연장티켓구매(公演場チケット購入)

한국의 전통예능을 — 韓国の伝統芸能を
ハングゲ チョントンエヌンウル

보고 싶은데요. — 見たいのですが。
ボゴ シップンデヨ

사물놀이 예약을 — サムルノリの予約は
サムルノリ イェヤグル

할 수 있어요? — できますか。
ハル ス イッソヨ

언제 거입니까? — いつのですか。
オンジェ ゴイムニカ

오늘 밤의 표는 있어요? — 今晩の切符はありますか。
オヌル パメ ピョヌン イッソヨ

여덟시부터 공연이 있습니다. — 8時から公演がありますが。
ヨドルシブト コンヨニ イッスムニダ

두 장 부탁합니다. — 2枚お願いします。
トゥジャン ブッタッカムニダ

예약을 했습니다.
イェーヤグル ヘッスムニダ
予約をしました。

여기서 지불할 수 있어요?
ヨギソ チブラル ス イッソヨ
ここで払えますか。

창구에서 계산해 주십시오.
チャングエソ ケサネ ヂュシプショ
窓口で払ってください。

알겠습니다, 고맙습니다.
アルゲッスムニダ、コマップスムニダ
分かりました、ありがとう。

예약한 야마모토라고 합니다.
イェヤカン ヤマモトラゴ ハムニダ
予約をしている山本と申しますが。

네, 두 분이시죠?
ネー、トゥブニシジョ
はい、2名様ですね。

얼마입니까?
オルマ イムニカ
おいくらですか。

두 분에 사만원입니다.
トゥブネ サマノニムニダ
お2人で4万ウォンです。

십분 전까지 자리에 앉으세요.
シップンジョンカジ チャリエ アンヅュセヨ
10分前までに席についてください

3. 영화관(映画館)
ヨソフアクァソ

4회 것을 두 장 주세요. 4回目のを2枚ください。
サーフェコスル トゥジャン チュセヨ

아홉시 것 세 장요. 9時の3枚。
アホップシ ゴッ セジャンヨ

통로 쪽이 있어요? 通路側がありますか。
トンノ チョギ イッソヨ

뒤쪽에 자리를 부탁합니다. 後のほうの席をお願いします。
トィッチョゲ チャリルル ブッタカムニダ

앞자리밖에 없는데, 前の席しかありませんが、
アプチャリ バゲ オッヌンデヨ

괜찮아요? いいですか。
ケンチャンナヨ

티켓을 보여 주세요. チケットを見せてください。
ティケスル ボヨ チュセヨ

이 자리는 어디입니까? この席はどこですか。
イ チャリヌン オディイムニカ

자리에 안내해 주시겠어요?　席に案内してくれますか。
チャリエ アンネ ヘヂュシゲッソヨ?

네, 이쪽으로 오세요.　はい、こちらにどうぞ。
ネー、イッチョグロ オセヨ

팜플렛은(음료수는)　パンフレットは(飲み物は)
パンプルレスン(ウムニョスヌン)

어디서 팝니까?　どこで売っていますか。
オディソ パムニカ

화장실은 어디예요?　トイレはどこですか。
ファジャンシルン オディエヨ

지금부터 상영합니다.　ただ今から上映いたします。
ジグムブト サンヨンハムニダ

공연이 시작됩니다.　公演が始まります。
コンヨニ シジャッテムニダ

자리에 앉으시기 바랍니다.　席にお着きください。
チャリエ アンジュシギ バラムニダ

공연중은 촬영금지입니다.　公演中は撮影禁止です。
コンヨンチュンウン チャリョン クムヂイムニダ

지금부터 십오분 동안　ただ今から15分の
チグムブト シボブン トンアン

휴식시간을 갖겠습니다. 休憩時間に入ります。
ヒュシッシガヌル カッケスムニダ

오늘의 공연은 모두 本日の公演は全て
オヌレ コンヨンヌン モドゥ

끝났습니다. 終了いたしました。
クッナスムニダ

안녕히 돌아가십시오. 気を付けてお帰りください。
アンニョンヒ トラカシプショ

4. 관광지(観光地)

クァングァン ジ

경복궁은 몇 시부터 들어갈 수 있어요?
キョンボックンウン ミョッシブト トゥロカル ス イッソヨ
景福宮は何時から入れますか。

아홉시부터예요.
アホップシブトエヨ
9時からです。

입장권은 어디서 살 수 있어요?
イップチャンクォヌン オディソ サル ス イッソヨ
入場券はどこで買えますか。

입구 옆에 있어요.
イップク ヨッペ イッソヨ
入り口の横にあります。

어디서부터 보면 되죠?
オディソブト ボミョン テジョ
どこから見たらいいですか。

이렇게 돌면 좋아요.
イロッケ トルミョン チョアヨ
このように廻るといいでしょう。

이 지도를 보면서 가세요.
イ チドルル ボミョンソ カセヨ
この地図を見ながら行ってください。

그 화살표를 따라가 주세요.
ク ファサルピョルル タラカ チュセヨ
あの矢印に従っていってください。

일본어 안내서는 있습니까?
イルボノ アンネソヌン イッスムニカ
日本語の案内書はありますか。

민속박물관은 어떻게 가지요?
ミンソッ パンムルグァヌン オットケ カジヨ
民俗博物館はどういくのですか

저 건물이에요.
チョ ゴンムリエヨ
あの建物がそうです。

여기도 입장료가 필요해요?
ヨギド イッチャンニョガ ピリョヘヨ
ここも入場料が必要ですか。

네, 별도 요금이에요.
ネー、ビョルト ヨグミエヨ
はい、別料金です。

미안하지만 셔터를
ミアナジマン ショトルル
すみませんが、シャッターを

눌러 주세요.
ヌルロ チュセヨ
押してください。

사진 찍어도 돼요?
サジン チゴド テヨ?
写真を撮っても良いですか。

괜찮아요.
ケンチャナヨ
構いません。

같이 사진을 찍읍시다.
カチ サジヌル チグプシダ
一緒に写真を撮りましょう。

여기를 지나가도 돼요?
ヨギルル チナガド テヨ
ここを通ってもいいですか。

어디로 나갈 수 있어요?
オディロ ナガル ス イッソヨ
どこから出られますか。

출구는 여기 맞습니까?
チュルグヌン ヨギ マッスムニカ
出口はこちらでいいですか。

5. 놀이공원(テーマパーク)

ノ リ ゴンウォン

관람차는 어디서 — 観覧車はどこで

クァンラムチャヌン オディソ

탈 수 있어요? — 乗れますか。

タル ス イッソヨ

저기 줄에 서 주세요. — あそこの列に並んでください。

チョギ チュレ ソ ヂュセヨ

아주 사람이 많은데요, — 随分人がいますね、

アジュ サラミ マヌンデヨ

얼마나 기다리죠? — どの位待ちますか。

オルマナ キダリジヨ

글쎄요, 이십분은 기다려야 — そうですね、20分はお待ち

クルセヨ、イーシッブヌン キダリョヤ

할 거예요. — いただくでしょう。

ハル コエヨ

이 티켓으로 탈 수 있어요? — このチケットで乗れますか。

イ ティケスロ タル ス イッソヨ

네, 탈 수 있어요. — はい、乗れます。

ネー、タル ス イッソヨ

아뇨, 따로 사셔야 합니다. **アニョ、タロ サショヤ ハムニダ**	いいえ、別にお買い求めください
어디 식사할 수 있는 **オディ シクサハル ス イッヌン**	どこか食事のできる
장소는 있어요? **チャンソヌン イッソヨ**	所はありますか。
왼쪽으로 가십시오. **ウェンチョグロ カシプシオ**	左の方に行ってください。
쇼는 몇 시부터 볼 수 있어요? **ショヌン ミョッシブト ボル ス イッソヨ**	ショーは何時から見られますか。
꼭 십분 후에 시작합니다. **コッ、シップン フエ シジャッカムニダ**	ちょうど、10分後に始まります。

スポーツクァンラム

6. 스포츠관람(スポーツ観覧)

축구 시합의 티켓을 **チュック シハベ ティケスル**	サッカー試合のチケットが
살 수 있어요? **サル ス イッソヨ**	買えますか。
언제 거예요? **オンジェ コエヨ**	いつのですか。
지금 살 수 있는 것은 **チグム サル ス イッヌン ゴスン**	今、買えるのは
언제 거예요? **オンジェ コエヨ**	いつのですか。
모레 밤 것이 약간 **モレ パム コシ ヤッカン**	明後日の夜のが少しだけ
남아 있어요. **ナマ イッネヨ**	残っています。
그럼, 그것을 한 장 주세요. **クロム、クゴスル ハンジャン チュセヨ**	それではそれを一枚下さい。

7. 사우나・에스테

サウナ　エステ

때밀이 부탁합니다.
テミリ ブッタカムニダ
あかすりをお願いします。

팩도 할 수 있어요?
ペックド ハル ス イッソヨ
パックもできますか。

전신 마사지 부탁합니다.
チョンシン　マサジ ブッタカムニダ
全身マッサージをお願いします。

너무 세게 하지 마세요.
ノム セゲ ハジ マセヨ
あまり強くしないでください。

부 록

1. 韓国語の数字の読み方
2. 韓国の基本情報
3. よく使う基本観光韓国語
4. 韓国旅行

❶ 韓国語の数字の読み方

韓国語の数字には、日本語と同じように、漢字語の数詞(漢数詞)と固有語の数詞(固有数詞)があります。漢数字は一、二、三、四のように中国起源の数字を表す語で、固有数詞は하나、둘、셋、넷のように韓国語固有のことばで数字を表す語をいいます。

漢数詞の読み方

일 **イル** 一	이 **イ** 二	삼 **サム** 三	사 **サ** 四	오 **オ** 五
육 **ユッ** 六	칠 **チル** 七	팔 **パル** 八	구 **ク** 九	십 **シプ** 十
십일 **シ ビル** 十一	십이 **シ ビ** 十二	십삼 **レプ サム** 十三	십사 **レプ サ** 十四	십오 **シ ボ** 十五
십육 **シム ユク** 十六	십칠 **シプ チル** 十七	십팔 **シプ パル** 十八	십구 **シプ ク** 十九	이십 **イ シプ** 二十
이십일 **イ シ ビル** 二十一	이십이 **イ シ ビ** 二十二	삼십 **サム シプ** 三十	사십 **サ シプ** 四十	오십 **オ シプ** 五十
백 **ベク** 百	이백 **イ ベク** 二百	삼백 **サム ベク** 三百	천 **チョン** 千	이천 **イ チョン** 二千
삼천 **サム チョン** 三千	만 **マン** 万	십만 **シム マン** 十万	백만 **ベック マン** 百万	천만 **チョン マン** 千万

억	조
オク	チョ
億	兆

固有数詞の読み方

하나	둘	셋	넷	다섯
ハ ナ	トゥル	セッ	ネッ	タ ソッ
一つ	二つ	三つ	四つ	五つ
여섯	일곱	여덟	아홉	열
ヨ ソッ	イル コプ	ヨ ドル	ア ホプ	ヨル
六つ	七つ	八つ	九つ	とお
열하나	열둘	열셋	열넷	열다섯
ヨル ハ ナ	ヨル トゥル	ヨル セッ	ヨル ネッ	ヨル タ ソッ
十一	十二	十三	十四	十五
열여섯	열일곱	열여덟	열아홉	스물
ヨル ヨ ソッ	ヨル イル コプ	ヨル ヨ ドル	ヨル ア ホプ	ス ムル
十六	十七	十八	十九	二十
스물하나	스물둘	서른	마흔	쉰
ス ムル ハ ナ	ス ムル トゥル	ソ ルン	マ フン	シン
二十一	二十二	三十	四十	五十
예순	일흔	여든	아흔	백
イェ スン	イ ルン	ヨ ドゥン	ア フン	ペク
六十	七十	八十	九十	百

※日本語の固有の数詞の読み方は10(とお)までしかありませんが、韓国語の固有の数詞の読み方は99まであります。100からは漢字語の数詞の読み方と同じです。

数詞＋助数詞の表現

物の種類によって数える単位が決まっています。日本語の場合も、ビールは一本、二本、紙は一枚、二枚などのように違います。その物を数えたり、順序を表す単位を助数詞といいます。韓国語の漢数詞と固有数詞がどのような助数詞と結合するのかみてみましょう。

・漢数詞＋助数詞

일(一)＋층(階) / 인분(人前)
イル チュン イン プン

이(二)＋층(階) / 인분(人前)

삼(三)＋층(階) / 인분(人前)

사(四)＋층(階) / 인분(人前)

오(五)＋층(階) / 인분(人前)

육(六)＋층(階) / 인분(人前)

칠(七)＋층(階) / 인분(人前)

팔(八)＋층(階) / 인분(人前)

구(九)＋층(階) / 인분(人前)

십(十)＋층(階) / 인분(人前)

일월 イ ロォル	一月
일개월 イル ゲ ウォル	一ヶ月
일주일 イル チュ イル	一週間
이천원 イ チョ ノォン	ニチウォン
일번 イル ボン	一番
삼학기 サム ハク キ	三学期
삼십육도 サム シ プユク ト	三十六度
이박삼일 イ パク サミ ル	二泊三日

• 固有数詞＋助数詞

한(一)＋개(個) / 살(歳) / 번째(番目) ハン ゲ サル ボンチェ	맥주 한 잔 メッ チュ ハン ジャン	ビール一杯
두(二)＋개(個) / 살(歳) / 번째(番目) ゥ	담배 한 갑 タム ベ ハン ガプ	煙草一箱
세(三)＋개(個) / 살(歳) / 번째(番目) セ	종이 세 장 チョン イ セ ジャン	紙三枚
네(四)＋개(個) / 살(歳) / 번째(番目) ネ	과일 다섯 개 クァ イル タ ソッ ゲ	果物五個
다섯(五)＋개(個) / 살(歳) / 번째(番目)	책 네 권 チェク ネ グォン	本四冊
여섯(六)＋개(個) / 살(歳) / 번째(番目)	신문 한 부 シソ ムソ ハン ブ	新聞一部
일곱(七)＋개(個) / 살(歳) / 번째(番目)	옷 두 벌 オッ トゥ ボル	服二着
여덟(八)＋개(個) / 살(歳) / 번째(番目)	사람 일곱 명 サ ラム イル ゴッ ミョン	人七名
아홉(九)＋개(個) / 살(歳) / 번째(番目)	전화 두 통화 チョン ファ トゥ トソ ファ	電話二通話
열(十)＋개(個) / 살(歳) / 번째(番目)	편지 한 통 ピョン シ ハン トン	手紙一通
스무(二十)＋개(個) / 살(歳) / 번째(番目)	차 두 대 チヤ トゥ デ	車二台

※固有数詞하나, 둘, 셋, 넷, 스물は助数詞の前では한, 두, 세, 네, 스무と発音されます。それから、例外的に1番目は한번째とはいわず、첫번째といいます。

年/月/日/時/分/曜日

• 年(漢数詞の読み方で読む)

일년	이년	삼년	사년	오년
イルニョン	イニョン	サムニョン	サニョン	オニョン
1年	2年	3年	4年	5年
육년	칠년	팔년	구년	십년
ユンニョン	チルニョン	パルニョン	クニョン	シムニョン
6年	7年	8年	9年	10年
올해	작년	재작년	내년	
オルヘ	チャンニョン	チェジャンニョン	ネニョン	
今年	去年	一昨年	来年	
천구백사십오년	천구백구십팔년	이천삼년		
チョンクベクサシプオニョン	チョンクベククシプパルニョン	イチョンサムニョン		
1945年	1998年	2003年		

• 月(漢数詞の読み方で読む)

일월	이월	삼월	사월	오월	유월
イルォル	イウォル	サムォル	サウォル	オウォル	ユウォル
1月	2月	3月	4月	5月	6月
칠월	팔월	구월	시월	십일월	십이월
チルォル	パルォル	クウォル	シウォル	シビウォル	シビウォル
7月	8月	9月	10月	11月	12月
이번달	지난달	다음달			
イボンタル	チナンダル	タウムタル			
今月	先月	来月			

※ 6月と10月は '육월'、'십월' と発音されず、'유월'、'시월' と発音されるので注意しましょう。

• 日(漢数詞の読み方で読む)

일일 イリル 1日	이일 イイル 2日	삼일 サミル 3日	사일 サイル 4日	오일 オイル 5日	육일 ユギル 6日	십일 シビル 10日
십일일 シビリル 11日	십이일 シビイル 12日	이십일 イシビル 20日	이십일일 イシビリル 21日	삼십일 サムシビル 30日	삼십일일 サムシビリル 31日	
오늘 オヌル 今日	어제 オジェ 昨日	그저께 クジョケ 一昨日	내일 ネイル 明日	내일모레 ネイルモレ 明後日		

• 時(時は固有の数字の読み方で読む)

한시 ハンシ 1時	두시 トゥシ 2時	세시 セシ 3時	네시 ネシ 4時	다섯시 タソッシ 5時	여섯시 ヨソッシ 6時
일곱시 イルコプシ 7時	여덟시 ヨドルシ 8時	아홉시 アホプシ 9時	열시 ヨルシ 10時	열한시 ヨルハンシ 11時	열두시 ヨルトゥシ 12時

• 分(分は漢数字の読み方で読む)

일분 イルプン 1分	이분 イブン 2分	삼분 サムプン 3分	사분 サブン 4分	오분 オブン 5分	육분 ユクブン 6分
십분 シププン 10分	십일분 シビルブン 11分	십오분 シボブン 15分	이십분 イシププン 20分	삼십분 サムシププン 30分	육십분 ユクシププン 60分

• 曜日

일요일	월요일	화요일	수요일	목요일	금요일	토요일
イリョイル	**ウォリョイル**	**ファヨイル**	**スヨイル**	**モギョイル**	**クミョイル**	**トヨイル**
日曜日	月曜日	火曜日	水曜日	木曜日	金曜日	土曜日

• 年月日と曜日

천구백구십팔년	삼월	이십구일	일요일
チョンクベククシプパルニョン	**サムオル**	**イシプクイル**	**イリョイル**
1998年	3月	29日	日曜日

❷ 韓国の基本情報

• 正式国名

正式国名は「大韓民国(テハンミンクッ)」、略称は「韓国(ハンクッ)」。「韓」は、古代朝鮮半島南部にあった「三韓」に由来する。公式の英語表記は「Republic of Korea」、略称は「ROK」。非公式には地域を指す「South Korea」も使われる。

• 政治形態

大統領を元首とする立憲民主共和制で、三権分立制度を採用している。大統領は5年ごとの直接選挙により選出され、行政を統率する。立法権は一院制の国会に属し、国会議員は4年ごとに選出される。首相は内閣にあたる国務院の長。

• 面積

総面積は9万9461㎢で、日本の面積の約27%、世界で107番目の大きさ。南北約1000㎞にわたる朝鮮半島の南半分、45%の面積の占める。北朝鮮とはソウルの北約60㎞、北緯38度にある軍事境界線で接している。国土の約70%が山岳地帯。特に東北部は山がちで、南部には平野が広がる。

• 韓国の祝祭日

韓国では日本と違って太陰暦を使うことが多く、旧暦で指定されている祝祭日もあります。

－1月1日 ： 新正月

普通、新正(シンジョン)といいまう。年頭の一日間は休みとなり、それぞれの家庭で新年を祝います。

－太陰暦1月1日 ： 旧正月(ソルラル)

ソルラルは旧暦の元日で、日取りは年によって変わります。新正月と対比していうときには、旧正(クジョン)といいます。新正月を祝うか、旧正月を祝うかは家庭によって違いますが、

一般的には旧正月を祝う家庭がはるかに多いと思います。ソルラルは旧暦の8月15日の秋夕(チュソク)とともに韓国最大の民族的祭日です。ソルラルの朝には、茶祀(チャレ)といわれる祖先を祭る祭祀(チェサ)を行い、トックク(日本のお雑煮のようなもの)を食べます。茶祀が終わると子供たちは大人たちに新年のあいさつをします。これは세배(セベ)といわれ、このとき子供たちは세뱃돈(セベットン)というお年玉をもらいます。

－3月1日 ： 3・1節(サミルチョル)
1919年3月1日、日本の植民地支配に抵抗した独立運動記念日。

－4月5日 ： 植木日(シンモギル)
国土の緑化運動を推進する日。

－太陰暦 4月8日 ： 釈迦誕生日

－5月5日 ： 子供の日(オリニナル)

－6月6日 ： 顕忠日(ヒョンチュンイル)
国土防衛のため殉国した霊を慰め、記念する日。

－7月17日 ： 制憲節(チェホンジョル)
憲法制定記念日、1948年7月17日の大韓民国憲法制定を記念する日。

－8月15日 ： 光復節(クァンボクチョル)
1945年8月15日、日本植民地支配からの解放記念日。日本でこの日は終戦記念日ですね。

－太陰暦8月15日 ： 秋夕(チュソク)
秋夕は日本のお盆にあたる名節ですが、日本と違って旧暦で行います。ソルラルと同じく、朝には茶祀を行い、茶祀の後は先祖の墓参りをしたり、親戚を訪問したりします。この日には송편(ソンピョン、松餅)という米でつくったお餅を食べます。

－10月1日 ： 国軍の日(グックネナル)
国軍の創設記念日。

－10月3日 ： 開天節(ケチョンジョル)
紀元前2333年に古朝鮮を建てたといわれる伝説上の建国始祖、檀君(タングン)の国家創建を記念する日。

－10月9日 ： ハングルの日(ハングルナル)
李朝の第4代世宗大王がハングルを公布した記念日。

－12月25日 ： クリスマス

日本とは違って、韓国ではクリスマスは祝日になっています。韓国では仏教信者の次にキリスト教信者の数が多いです。

韓国の歴史

いまやアジア有数の先進国として躍進する韓国は、紀元前からの長い歴史をもっている。激動の歴史を繰り広げてきたさまざまな王朝から民主化へのプロセスまで、韓国の歩みをたどってみよう。

• 古代(紀元前)

朝鮮半島には70万年前に人類が定住し始めたと推定されている。伝説によると檀君がBC2333年に韓国最古の王朝を創建し、国号を「朝日が鮮やかな国」という意味の朝鮮と定めたといわれている。

• 三国時代～統一新羅時代(BC1C～935年)

朝鮮半島で、高句麗、新羅、百済の三国が勢力争いを繰り広げた時代を三国時代という。7世紀に新羅は唐と連合し、百済、高句麗を倒すが、その後新羅と唐の間で領土や支配権をめぐり戦乱が続いた。676年、新羅は唐軍を半島から追い出し、朝鮮半島初の統一王国を築く。当時の遺跡は、慶州の仏国寺などに残されている。

• 高麗時代(918～1392年)

8世紀以降、新羅では内乱が続き、新羅、後高句麗、後百済が鼎立した後三国時代となった。918年に後高句麗の将軍である王建が後高句麗の王を倒し、現在の北朝鮮にある開城を首都として高麗を建国。その後、新羅と後百済を征服し、936年には半島を統一した。

• 李朝時代(1392～1910年)

倭寇の襲来を退けた将軍李成桂はクーデターを起こし、1392年にみずから王位につき李朝を開き、1394年には首都をソウルに定めた儒教に基づく中央集権的な政治を行い、王期は

500年以上にわたり続いた。15世紀は李王朝の空前の繁栄期で、日本との交易も盛んだった。世宗によりハングルが創られたのもこの頃だ。16世紀末には豊臣秀吉が大軍を率いて侵略、17世紀には清に侵略され、従属を強いられる。19世紀になると列強が朝鮮半島で主権争いを繰り広げた。

• 日本の植民地時代(1910～1945年)

1894年の日清戦争、1904年の日露戦争に勝利した日本は1905年に伊藤博文を統監とした統監府をおくが、1909年伊藤はハルピンで安重根に暗殺される。1910年に朝鮮は日本に併合され、植民地となり、518年間続いた李王朝は幕を閉じた。日本は土地や資源を奪い、言論、集会、結社などの自由も封殺。このため、朝鮮の人々の日本に対する抵抗は熾烈を極めた。1919年3月1日、ソウルを皮切りに反日運動が広がり、200万人以上が参加、日本帝国主義者に大きな打撃を与えた。しかし、その後も日本による植民地支配は続いた。

• 解放と朝鮮戦争(1945～1979年)

第2次大戦での日本の敗戦で、朝鮮は36年間の日本支配から解放され、北緯38度線を境に、北にソ連、南にアメリカがそれぞれ進駐した。1948年8月15日、国連監視下で選挙が行われ大韓民国が誕生し、初代大統領に李承晩が就任した。同年9月9日には、北に朝鮮民主主義人民共和国が創建され、金日成が首相となり、朝鮮半島にふたつの国家が生まれることになった。1950年6月25日、38度線を挟んで、大韓民国と朝鮮民主主義共和国との間で朝鮮戦争が勃発。半島は戦火に包まれたが、1953年7月に停戦した。1961年に陸軍軍人の朴正熙が軍事クーデターで政権につくが、1979年に暗殺された。

• 民主化への道のり(1979年～現在)

朴大統領暗殺後も全斗煥大統領など、軍人大統領が続いたが、国民の民主化への要求は次第に強まり、1987年に盧泰愚大統領により民主化宣言が出された。1988年のソウルオリンピックを機に経済も躍進していく。盧大統領はソ連や中国との融和に努め、冷戦の終結とともに実を結んでいく。1993年には初の文民政権である金泳三政権が誕生。2001年には金大中大統領が北朝鮮を訪問し、北朝鮮の金正日総書記と会談した。2003年より盧武鉉大統領が政権についている。

韓国の文化

韓国には長い歴史のなかで培ってきた独自の文化がある。今なお残る庶民の暮らしをいきいきと表現した舞踊や、さまざまな伝統楽器の音色が組み合う音楽などの伝統芸能からは、韓国ならではの趣を感じられることだろう。事前に現地に根付くトル伝統文化を知って、韓国をより深く理解しておけば、旅行の楽しみも広がるに違いない。

• ハングルの成立

ハングルとは偉大な文字という意味で、15世紀半ばの李朝時代に世宗が作成し、「訓民正音」として発表したとされる。それまでは公文書はすべて漢字で書かれていた。ハングルは1字が1音節を表す表音文字で、もとは漢文を正しく読むための発音記号だったと考えられている。

• 伝統工芸品

韓国の伝統工芸品の代表格は陶磁器。高麗時代から、徐々に形が洗練され、文様も多様化しながら発展してきた。特に高麗青磁と朝鮮白磁は韓国が世界に誇る二大傑作美といわれている。また、伝統衣装や屏風などに飾りとして使われた刺繍や、糸を組み合わせて一定の模様を作る組み紐、貝をさまざまな形に切り取って模様を作り出す螺鈿漆器などはおみやげにも人気が高い。牛の角を使った華角工芸、刀などに施された七宝工芸、1000年の歴史をもつ韓紙などもある。

• 韓服

韓服は韓国の伝統衣装で、陰陽五行の思想に基づく色彩が特徴。女性は短めの上着「チョゴリ」と、ゆったりとしたスカート「チマ」を合わせる。男性は「チョゴリ」と「パジ」というズボンを履き、「マゴジャ」と呼ばれる上着を着る。季節や身分により素材や着方は異なる。

• 宗教

韓国には仏教徒とキリスト教徒が多く、それぞれ全人口の約25%ほどを占める。仏教は2世紀に伝来し、建築や芸術などに影響を与えた。キリスト教は19世紀にアメリカと就航条約を結んだ後に伝播した。儒教は古代から続く社会の共有思想で、宗教としてではなく論理体型として、現代の生活にも大きな影響を及ぼしている。

• スポーツ

最もポピュラーなのはプロリーグのある野球とサッカーで、国民の人気を二分している。国技は素手で攻撃と防御を行う格闘技のテコンドーで、2000年からオリンピックの正式種目にもなっている。韓国の相撲「シルム」は、1982年からプロ競技が行われれいる。バスケットボールにもプロリーグがある。

• アリラン

朝鮮半島を代表する民謡で、哀調を帯びた節回しが特徴。アリランは地方ごとに歌詞、メロディが異なり、韓国には25種ほどあるといわれている。アリランの意味は不明とされるが、朝鮮民族にとっては片時でも忘れることができない「心の歌」であることは間違いない。

• 伝統音楽

韓国固有の音階とリズムをもち、宮中行事に演奏された音楽は、広く国楽と呼ばれる。三国時代には高句麗のコムンゴ、伽倻の伽倻琴などの楽器が作られ、李朝時代初・中期には宮中音楽が、後期には庶民の生活や感情を表現したサムルノリなどの民俗音楽が発達した。

• 伝統舞踊

韓国の伝統舞踊は先史時代の宗教儀式から始まった。李朝時代の初・中期には宮廷舞踊、後期には仮面劇などの民俗舞踊が発達した。山台ノリと呼ばれる仮面劇は、当時の社会を風刺したものとして有名。

• 家族と姓

夫婦は別姓で、子供は父方の姓を名乗ることが多い。姓は約270あるといわれ、金(キム)、李(イ)、朴(パク)、催(チェ)、鄭(ジョン)の5大姓が人口の半数を占め、同性で、祖先の出身地を示す本貫も同じだと、同族という思想が根付いている。また、近年は日本と同様に核家族化、小子化が進んでいる。

• 両班

両班とは、 李朝時代に身分階級の最上位にあった特権階級のことで、 農工業の労働を嫌い、 官僚のポストを独占していた。もとは高麗時代のふたつの班からなる官僚制度をさす言葉で、 明文化された身分制度ではなかったが、 李朝時代後期には両班を名乗る者が急増した。

• 韓屋とオンドル

韓国の伝統家屋「韓屋」には、 寒さをしのぐための床暖房「オンドル」や、 風通しのよい広間「デチョン」などがある。上流層の住宅は屋根が瓦造りで、 成人男性が暮す「サランテェ」、 女性と子供が住む「アンテェ」などに分かれていた。庶民の住宅は茅葺きであった。

❸ よく使う基本観光韓国語

あいさつ

はい	예 イェ
いいえ	아니요 アニヨ
はじめまして	처음뵙겠습니다 チョウンベッケッスンニダ
おはよう	안녕하세요 アンニョンハセヨ
こんにちは	안녕하세요 アンニョンハセヨ
こんばんは	안녕하세요 アンニョンハセヨ
さようなら	안녕히가세요 アンニョンヒカセヨ(去るひとへ)
	안녕히계세요 アンニョンヒケセヨ(見送るひとへ)
ありがとうございます	감사합니다 カムサハンミダ
ありがとう	고마워요 コマウォヨ
うれしい	기뻐요 キッポヨ
おいしい	맛있어요 マシッソヨ
どういたしまして	천만에요 チョンマネヨ
ごめんなさい	미안합니다 ミアナンミダ

すみませんが	죄송하지만 チェソンハジマン
わかりました	알겠습니다 アルゲッスンニダ
いいえ、結構です	아니요, 괜찮아요 アニヨ、ケンチャナヨ
これは何ですか?	이건 뭐예요? イゴン モエヨ
どこ?	어디? オディ
どちら?	어느쪽? オヌチョク
いつ?	언제? オンジェ
何時?	몇시? ミョッシ
だれ?	누구? ヌグ
いくら?	얼마? オルマ
どのくらい(時間)?	어느 정도? オヌ チョンド
ここからどれくらいかかりますか?	여기에서 어느 정도 걸려요? ヨギエソ オヌ チョンド コッリョヨ
どのように?	어떻게? オトッケ
いくつ(数)?	몇개? ミョッケ
～はありますか?	～있어요? イッソヨ
～がしたい	～하고 싶어요? ハゴシポヨ

数字

0	영 ヨン	5	오 オ	10	십 シプ
1	일 イル	6	육 ユッ	100	백 ペク
2	이 イ	7	칠 チル	1,000	천 チョン
3	삼 サム	8	팔 パル	10,000	만 マン
4	사 サ	9	구 ク	100,000	십만 シンマン

季節・月・曜日・時

春	봄 ボム	夏	여름 ヨルム	秋	가을 カウル	冬	겨울 キョウル
1月	일월 イロル	2月	이월 イウォル	3月	삼월 サモル	4月	사월 サウォル
5月	오월 オウォル	6月	유월 ユウォル	7月	칠월 チロル	8月	팔월 パロル
9月	구월 クウォル	10月	시월 シウォル	11月	십일월 シビロル	12月	십이월 シビウォル
日曜日	일요일 イリョイル	月曜日	월요일 ウォリョイル	火曜日	화요일 ファヨイル	水曜日	수요일 スヨイル
木曜日	목요일 モギョイル	金曜日	금요일 クミョイル	土曜日	토요일 トヨイル	祝日	경축일 キョンチュギル
朝	아침 アッチム	昼	점심 チョムシム	夕方	저녁 チョニョク	夜	밤 パム
昨日	어제 オジェ	今日	오늘 オヌル	明日	내일 ネイル	あさって	모레 モレ

交通で

タクシー乗り場はどこですか？	택시 승차장은 어디에요? タクシ スンチャジャンウン オディエヨ
～に行きたいです	～까지 부탁합니다 ～カジ プタッカンニダ
空港までいくらかかりますか？	공항까지 얼마 들어요? コンハンカジ オルマ トゥロヨ
ここで停めてください	여기서 세워 주세요 ヨギソ セウォ チュウセヨ
領収書をください	영수증 주세요 ヨンスジュン チュウセヨ
料金がメーターと違います	요금이 메터와 달라요 ヨグミ メトワ タッラヨ
市内へ行くバスはありますか	시내로 가는 공항 리무진버스는 있나요? シネロ カヌン コンハン ボスヌン インナヨ
ソウル行きのバス乗り場はどこですか？	서울행 버스 정류장은 어디에요? ソウレン ボス チョンリュウジャンウン オディエヨ
チケットはどこで買えますか？	표는 어디서 사요? ピョヌン オディソ サヨ
何分かかりますか？	몇 분이나 걸려요? ミョップニナ コッリョヨ
空港行ききっぷをください	공항 가는 표 주세요 コンハン カヌン ピョ チュウセヨ
ソウルで降りたいのですが	서울에서 내리고 싶은데요 ソウレソ ネリゴ シプンデヨ
路線図をください	노선도 있어요? ノソンド イッソヨ
きっぷ売り場はどこですか？	매표소는 어디에요? メピョソヌン オディエヨ
一番近い地下鉄の駅はどこですか？	제일 가까운 지하철 역은 어디에요? チェイル カカウン チハチョッリョグン オディエヨ
乗り換えは必要ですか?	갈아타야 되요? カラタヤ デヨ

観光で

観光案内所はどこですか？	관광 안내소는 어디에요? クァングァン アンネソヌン オディエヨ
無料の地図はありますか？	이 지역 지도를 얻을 수 있나요? イ チヨッ チドル オドゥル ス インナヨ
観光パンフレットをください	관광 안내서 있어요? クァングァン アンネソ イッソヨ
日本語のパンフレットはありますか？	일본어 안내서 있어요? イルボノ アンネソ イッソヨ
ツアーに申し込みたいのですが	투어를 신청하고 싶은데요 トゥオルル シンチョンハゴ シプンデヨ
日本語のツアーはありますか？	일본인 가이드 투어는 있나요? イルボニンガイドゥ トゥオヌン インナヨ
入場料はいくらですか？	입장료는 얼마에요? イッチャンニョヌン オルマエヨ
写真を撮ってもいいですか？	사진 찍어도 되요? サジン チゴド デヨ
この地図でどこですか？	이 지도로 어디쯤이에요? イ チドロ オディチュミエヨ

レストランで

メニューを見せてください	메뉴판 주세요 メニュパン チュセヨ
日本語のメニューはありますか？	일본어 메뉴 있어요? イルボノ メニュ イッソヨ
注文をお願いします	저기요 チョギヨ
何がおすすめですか？	뭐가 맛있어요? モガ マシッソヨ
これを二人前ください	이거 2인분 주세요 イゴ イインブン チュセヨ

あまり辛くしないでください	별로 맵지 않게 해 주세요 ビョッロ　メブチ　アンケ　チュセヨ
とてもおいしいです	아주 맛있어요 アジュ　マシッソヨ
これは注文していません	이건 주문 안했어요 イゴン　チュムン　アネッソヨ
お勘定をしてください	계산이요 ケサニヨ
支払いはクレジットカードでもいいですか？	카드 되요? カドゥ　デヨ

ショッピンクで

いくらですか？	얼마에요? オルマエヨ
これをください	이거 주세요 イゴ　チュセヨ
まけてください	깎아 주세요 カッカジュセヨ
これを見たいのですが	이것 좀 보여주시겠어요? イゴ　チョン　ボヨジュシゲッソヨ
試着してもいいですか？	입어봐도 돼요? イボバド　デヨ
ほかの色(柄)はありますか？	다른 색(모양) 있어요? タルン　セギッソヨ(モヤンイッソヨ)
1サイズ大きい(小さい)ものはありますか？	한 사이즈 큰(작은) 것 있어요? ハン　サイズ　クン(チャクン)ゴ　イッソヨ
サイズが合いませんでした	사이즈가 안 맞아요 サイズガ　アン　マジャヨ

比較

大きい/小さい	크다/작다 クダ　チャクダ	新しい/古い	새롭다/낡다 セロプタ　ナルタ
長い/短い	길다/짧다 キルダ　チャルダ	甘い/辛い	달다/맵다 タルダ　メプタ
重い/軽い	무겁다/가볍다 ムコプダ　カビョプタ	明るい/暗い	밝다/어둡다 パクタ　オドゥプタ
高い/低い	높다/낮다 ノプダ　ナッタ	熱い/寒い	덥다/춥다 トプタ　チュプタ
高い/安い	비싸다/싸다 ビッサダ　サダ	数：少し/たくさん	조금/많이 チョグム　マニ
早い/遅い	빠르다/늦다 パルダ　ヌッタ	左/右	왼쪽/오른쪽 ウェンチョッ　オルンチョッ
よい/悪い	좋다/나쁘다 チョッタ　ナップダ	前/後	앞/뒤 アプ　ドゥイ

ホテルで

今夜ホテルを予約したいのですが	오늘 밤에 묵을 호텔 예약하고 싶은데요 オヌル　バメ　ムグル　ホテル　イェヤカゴ　シプンデヨ
1泊50000ウォン以下のホテルはありますか？	하루 밤에 50000원 이하의 방이 있나요? ハル　バメ　オマンウォン　イハエ　バンイ　インナヨ
予約してあります	예약은 했습니다 イェヤグン　ヘッスンニダ
チェックインをお願いします	체크인이요 チェクイニヨ
日本語を話せる人はいますか？	일본어를 하시는 분이 계시나요? イルボノルッ　ハシヌン　ブニ　ケシナヨ
今晩空き部屋はありますか？	오늘 밤 빈 방 있어요? オヌル　バム　ビン　バン　イッソヨ
部屋代はいくらですか？	방값은 얼마에요? バンカプスン　オルマエヨ
チェックアウトは何時ですか？	체크아웃은 몇 시에요? チェクアウスン　ミョッ　シエヨ

朝食込の値段ですか？	아침이 포함된 가격이에요? アチミ　ポハンデン　カギョギエヨ
お湯がでないのですが	뜨거운 물이 안 나와요 トゥゴウン　ムリ　アンナワヨ
両替をしたいのですが	환전을 하고 싶은데요 ファンジョヌッ　ハゴ　シプンデヨ
インターネットは利用できますか？	인터넷 돼요? イントネッ　テヨ
この手紙を航空便でお願いします	이 편지를 항공편으로 부탁드립니다 イ　ピョンジルッ　ハンゴンピョヌロ　プタットゥリンニダ
近くにおいしいレストランはありますか？	근처에 괜찮은 음식점이 있나요? クンチョエ　ケンチャヌン　ウンシッチョミ　インナヨ
タクシーを呼んでください	택시를 불러 주세요 タクシルッ　ブッロ　チュセヨ
この荷物をしばらく預かってもらえますか？	이 짐을 잠시 보관해 줄 수 있습니까? イ　チムル　チャムシ　ボクワンヘ　チュル　ス　イッスニカ

その他のシーンで

ここでチケットの予約はできますか？	여기서 티켓예약할 수 있나요? ヨギソ　チィケシニェヤッ　カル　ス　インナヨ
当日券はありますか？	당일권 있어요? タンイルコン　イッソヨ
チケットを2枚欲しいのですが	표를 두 장 사고 싶어요 ピョル　トゥジャン　サゴ　シッポヨ
全身マッサージはありますか？	전신 맛사지 있어요? チョンシン　マッサジ　イッソヨ
料金表を見せてください	요금표를 보여 주세요 ヨグムピョルッ　ボヨ　チュセヨ
郵便局はどこですか？	우체국은 어디에요? ウチェググン　オディエヨ
これを日本に送りたいのですが	일본으로 보내고 싶은데요 イルボヌロ　ボネゴ　シプンデヨ
日本に国際電話をかけたいのですが	일본에 전화하고 싶은데요 イルボネ　チョナハゴ　シプンデヨ
電話の使い方を教えてください	전화거는 법 좀 가르쳐 주세요 チョナゴヌン　ボッ　チョン　カルチョチュセヨ

緊急時のフレーズ

助けて！	도와주세요! トワジュセヨ
警察に電話して！	경찰에 전화해 주세요! キョンチャレ　チョンファヘ　チュセヨ
泥棒！　捕まえて！	도둑이야! 잡아 주세요! トドゥギヤ！ ザバチュセヨ！
やめて！	그만두세요! クマンドゥセヨ
緊急です	급해요 クペヨ
医者を呼んでください	의사를 불러 주세요 ウィサルル　プッロ　ジュセヨ
気分が悪いのです	몸이 안 좋아요 モミ　アン　チョアヨ
痛みがあります	아파요 アパヨ
私の荷物が見つかりません	짐을 못 찾았어요 チムル　モッ　チャジャッソヨ
道に迷いました	길을 잃어 버렸어요 キルッ　イロ　ポリョッソヨ
一番近いトイレはどこですか？	가장 가까운 화장실은 어디인가요? カジャン　カカウン　ファジャンシルン　オディインガヨ

単語帳

• 色

黒	검은색(コムン　セッ)	黄色	노란색(ノラン　セッ)
白	흰색(ヒン　セッ)	緑色	녹색(ノック　セッ)
赤	빨간색(パルガン　セッ)	金色	금색(クム　セッ)
青	파란색(パラン　セッ)	銀色	은색(ウン　セッ)

• 調理法

生の	안익힌(アンニッキン)	冷やした	식힌(シッキン)
焼く	구운(クウン)	蒸した	찐(チン)
揚げた	튀긴(トゥィギン)	盛り合わせ	모둠(モドゥム)
ゆでた・煮る	삶은/끓인(サルムン)/(クリン)	混ぜた	비빈(ビビン)

• 調味料

塩	소금(ソグム)	コショウ	후추(フチュ)
砂糖	설탕(ソルタン)	唐辛子	고춧가루(コチュッカル)

• 人・場所・持ち物

わたし	저(チョ)	デパート	백화점(ベッファジョン)
あなた	당신(タンシン)	レストラン	음식점(ウンシッチョム)
日本人	일본인(イルボンニン)	トイレ	화장실(ファジャンシル)
日本	일본(イルボン)	駅	역(ヨク)
日本大使館	일본대사관(イルボンテサクァン)	バス停	버스정류장(ボスチョンニュジャン)
警察	경찰(キョンチャル)	公衆電話	공중전화(コンジュンチョナ)
警察官	경찰관(キョンチャルクァン)	薬局	약국(ヤックッ)
病院	병원(ビョンウォン)	財布	지갑(チガプ)
医者	의사(ウィサ)	現金	현금(ヒョングム)

④ 韓国旅行

1. 日本の出入国

出国前Check事項

① パスポード(旅券)
② ビザ
③ 航空券
④ 国際運転許可証
⑤ 国際学生証(ISIC)-学生のみ
⑥ 海外旅行保険
⑦ クレジット カード
⑧ 現金
⑨ 国際キャッシュカード
⑩ トラベラーズチェック

出国の手続き

アメリカ同時多発テロ以降、日本の空港でもセキュリティチェックが強化されている。空港へは、少なくとも出発2時間以上前には到着しておきたい。また、機内持ち込み品の制限も厳しくなっているので、出発前に再度チェックを。なお出国審査後の免税店は、帰国時には利用できないので、出発時にショッピングを楽しみたい場合は、早めに出国手続きをすませよう。

>>> チェックインから搭乗まで

Step1 預ける荷物の検査

(出発 2時間 前)

まず、自分が乗る便の航空会社のカウンター付近トルにある入り口で、預ける荷物を検査機に通す。預ける荷物はここで検査を受けると到着空港まで開けることができないので、機内で使うものや貴重品は手荷物としてあらかじめ分けておこう。また、荷物を預ける貨物室は、客室に比べ、温度や気圧などがかなりハードな環境となる。パソコンや携帯電話、カメラなどの精密機器はできるだけ機内持ち込みにした方が安全だ。

Step2 チェックインカウンターで荷物を預け、搭乗券を受け取る

航空会社のカウンターにスーツケースなどの機内に持ち込めない荷物を預け、航空券(または引換券や)とパスポートを見せて搭乗券(ボーディング・パス)と荷物引換証(クレーム・タグ)を受け取ろう。座席の希望がある場合は、通路側(AISLE)か窓側(WINDOW)、翼の前か後ろかなどの希望を係員に伝えれば、可能な範囲でアレンジしてもらえる。乗り継ぎ(経由)便を利用する場合は、乗り継ぎ(経由)地で再度チェックインや荷物の受け取り・預け入れが必要かどうかを確認しておこう。搭乗券には出発ゲートと搭乗開始予定時刻が記載されている。出発時間や搭乗開始時間、搭乗ゲートが変更になることもあるので、念のためにチェックしよう。荷物引換証は、航空会社に預けた荷物がなくなった場合の問い合わせに必要なもの。失くさないように注意したい。

■機内への持ち込みが禁止されているもの
ナイフ、はさみ、カッター、パット、ゴルフクラブ、アイスピック、カミソリ、包丁、工具など凶器になり得るもの

■手荷物として機内持ち込みにしなければいけないものライター(1個まで、2005年4月からアメリカ系航空会社と米国路線は一切禁止、預けも不可)、マッチ、税関で申告する外国製品

※詳細は各航空会社へ

Step3 セキュリティ・チェック

係員の指示に従い、検査用のゲートをくぐる。腕時計、携帯電話、金属製のベルトなどはあらかじめはずして機内持ち込みの手荷物と一緒に検査幾に通そう。感度ISO800以下のフィルムであれば、感光の心配はあまりないようだが、好感度のフィルムを持っている場合は、あらかじめ係員に伝えておこう。

Step4

税関で申告

ブランド品や宝石、電化製品など、高価な外国製品を海外に持ち出す場合、「外国製品の持出し届」を提出し、承認印を受けておく必要がある。これは帰国時に、旅先で購入したものではないことを証明するためだ。申請を忘れると、帰国時に課税対象となるので、注意しよう。

外国製品持出し申告

外国製品の持出し届には品名、数量、銘柄や型番号などを記入し、現物とともに提示して承認を受ける。申告が必要な製品は預け入れ荷物の中に入れずに、手荷物にしておこう。この証明書は帰国時まで大切に保管し、日本入国時の税関検査の際に係官に提示する。海外へ合計で100万円相当額を超える現金や小切手(T/Cを含む)、1kg以上の金(純度90%以上)の地金などを持っていく場合は、税関に「支払い手段等の携帯輸出・輸入届出書」を提出する必要があうるので注意が必要だ。

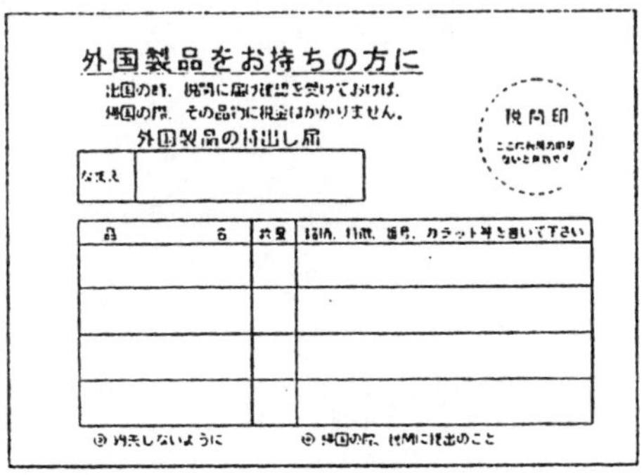

外国製品をお持ちの方に

出国の時、税関に届け確認を受けておけば、
帰国の際、その品物に税金はかかりません。

外国製品の持出し届

なまえ	

税関印

品名	数量	銘柄、材質、番号、カラット等を書いて下さい

◎紛失しないように　◎帰国の際、税関に提出のこと

Step5

出国審査

日本人の出入国カード(EDカード)の記入が廃止されたので、出国審査は以前に比べてそれほど混雑しなくなった。「日本人」と表示されたブースに並び、窓口にパスポートと搭乗券を提示し、出国スタンプを受ければ審査は終了となる。パスポートは機械で読みとるので、カバーをかけている場合はあらかじめはずしておこう。

Step6
(出発 30分 前)

搭乗ゲートへ

搭乗券に記入されている搭乗ゲート番号、フライトナンバーを確認し、通路にあるゲート番号案内に従って目的の搭乗ゲートへ向かう。途中にある免税店は、このタイミングでしか利用できないので、お目当てのものがある場合はここで購入を。出発30分前になるとゲートが開き、搭乗が始まる。航空会社の係員の案内に従って、すみやかに機内へと進もう。

入国(帰国)の手続き

特に問題がなければ入国にはそれほど時間はかからない。
手続きをスムーズに終えるために入国手続きの流れを知っておこう。

Step1　検疫

検疫感染症の流行地域(韓国は対象外)からの入国者は、機内で配布される検疫質問要事項を記入して係官に提出する。流行地域以外からの帰国でも、旅行中に下痢や発熱など体の不調を感じた場合は係官に申し出よう。

Step2　入国審査

「日本人」と表示された審査カウンターに進み、カバーをはずしたパスポートを提示して入国スタンプを押してもらう。

Step3　荷物の受け取り

搭乗した便名が表示されたターンテーブルで自分の荷物を引き取る。荷物が見つからない場合や、破損している場合は、係員にクレームタグを見せて調べてもらおう。

Step4　動植物検疫

植物(果物、野菜、穀類、球根、苗、切花、ドライフラワーなど含む)や、動物(生肉、乾燥肉、ハム、ソーセージ、ベーコンなど含む)を持ち帰った人は、動植物検疫カウンターで検査を受ける。植物は禁止品でなければ持ち込めるが、肉類は、一部の加工品を除き、正規の手続きをしていなければ持ち込めないので注意しよう。詳細は動植物検疫所へ。

Step5　税関

海外から持ち帰った品物が免税範囲(下記)を超えている人は、「携帯品・別送品申告書」に数量や内訳を記入して、赤い表示がある検査台へ並ぶ。係官が課税額を計算して支払い用紙をくれるので、検査場内にある銀行で納付を。別送品がある人も申告書を2通もらって記入し、赤い検査台へ。1通にスタンプが押されて返却されるが、これは荷物受け取り時に必要になる。免税範囲内の人は緑の検査台へ進もう。

- **動植物の持ち込みについて**

農林水産省動物検疫所
www.maff-aqs.go.jp
農林水産省植物防疫所
www.pps.go.jp

- 免税範囲や税関手続きについて

財務省　税関
www.customs.go.jp

- 免税範囲を超えた場合の簡易税率

① 酒類
- ウイスキー (750cc)：375円
- ブランデー (700cc)：350円
- ラム、ジン、ウオッカ (750cc)：300円
- リキュール、焼酎など (750cc)：225円
- その他 (ワイン、ビールなど) (750cc換算)：150円

② 紙巻タバコ (1本につき)：6.5円

③ その他の品物　15%

※「③その他の品物」1個(1組)の課税価格が10万円を超えるものや紙巻きタバコ以外のタバコなど「一般の関税率が適用されるもの」と、腕時計やゴルフクラブ、パソコンなど「消費税のみ課税されるもの」は除く。また、携帯品や別送品の課税価格は、海外での小売価格の6割程度の額。

▶ 別送品について

酒類	日本入国時の免税範囲 3本(1本760cc程度)
たばこ	紙巻200本、葉巻50本、その他250g、2種類以上の場合は総重量250g以内(外国製・日本製とも) ※空港免税店や海外で購入した日本製たばこは上記と同じ数量まで免税
香水	2オンス(1オンス約28cc) ※オーデコロン、オードトワレは除外
同じ品目	海外市価の合計額が1万円以下の品物すべて
その他	海外市価の合計額が20万円までの品物(上記1万円以下のものは含めない)

※未成年者の場合、たばこ類は免税にならない
※別送品がある場合は携帯品と合わせて計算する

おもな持ち込み禁止・制限品

- ワシントン条約(絶滅のおそれのある野性動物の種の国際取引に関する条約)で規制対象になっている動植物とその製品(象牙、ワニ、ヘビ、トカゲの皮革製品、ラン、サボテンなで)。漢方薬や財布などの加工品も規制対象となる。
- 麻薬類、向精神薬、けん銃、火薬、通貨や証券の偽造品、わいせつ物、児童ポルノ、家畜伝染病予防法と植物防疫法で定める動植物とその製品、土、土の付いた植物、稲わら、稲もに、猟銃、刀剣
- コピー商品(偽ブランド商品、海賊版など知的財産権を侵害するもの)
- 輸入者個人が使用する医薬品と医薬部外品は2ヶ月分まで、外用薬は1品目24個まで。

2. 韓国の出入国

日本から韓国へのアクセスは飛行機と船の2とおり。空路は全国23都市からソウル、釜山、済州道へ、航路は博多や下関、大阪、広島から釜山へ便がある。入国手続きに必要な出入国カードや税関申告書は機内や船内で配られるので、早めに記入しよう。出国時の手続きは日本と同様だが、空港には早めに到着しておきたい。

入国の手続き

到着フロアに着いたら入国審査を受け、預けた荷物を受け取り税関へ。
パスポートなどはすぐ出せるようにしておこう。申告する物品がなければ税関申告書は不要。

▶ 出入国カード

❶姓をローマ字で記入❷姓名を漢字で記入❸名をローマ字で記入❹生年月日(念、月、日の順。1ケタ数字の場合は頭に0を付ける。7月なら07)❺記入不要❻性別(男性はM、女性はFにレ点チェックを付ける)❼国籍(日本国籍はJapanese)❽旅券(パスポート)番号❾韓国内での住所(旅行の場合、最初に宿泊するホテル名を記入。わかる場合は電話番号も書き入れる)❿職業⓫韓国入国の目的(観光の場合はSightseeingと記入)⓬出発地(Tokyo, Osakaなど)⓭行きの利用航空機名と便名(搭乗券に記載されている番号)⓮署名(パスポートと同じサインを記入)⓯目的地(日本での帰着地)⓰帰りの利用航空機名と便名

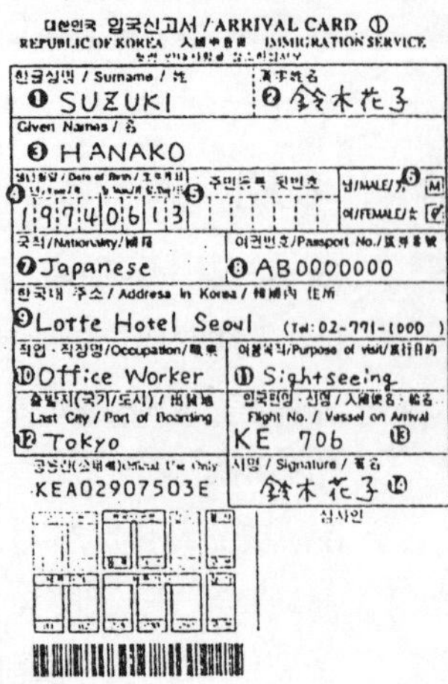

入国カード

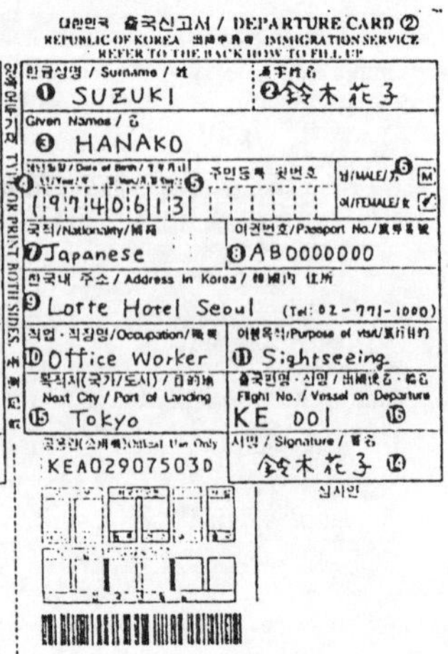

出国カード

Step1 到着

到着後、飛行機から降りて到着フロアへ。案内板に従って、入国審査の外国人専用カウンターへ向かう。

Step2 入国審査

パスポート、出入国カード、税関申告書、帰りの航空券を提示する。飛行目的や滞在日程などを聞かれることも。

Step3 荷物受け取り

案内ボードで航空会社・便名を確認し、預けた荷物を受け取る。紛失や破損の際はクレームタグを係員へ。

Step4 税関

荷物を持ってパスポートと税関申告書を提出し、税関検査を受ける。免税範囲内であれば特に検査はない。

Step5 到着ロビー

税関を抜けてゲートをくぐると、到着ロビーに出る。出口付近いには銀行や案内所などのカウンターが並んでいる。

[税関申告書の記入例]

旅行者携帯品申告書　大韓民国 税関

◇ 全ての入国旅行者(乗務員を含む)は、関税公務員から指定された場合、携帯品の検査を受けなければなりません。

◇ 申告対象物品を所持している旅行者(乗務員を含む)は必ずこの申告書を作成・署名して、税関に提出しなければなりません(同伴家族は一人が代表して申告できます)。

◇ 別送品、又は引越貨物がある場合には申告書を2枚作成して、税関長の確認を受けてください。

氏名 山田太郎	生年月日 1974年11月15日	
パスポート No. MN1234567	国籍 日本	☑男 □女
職業 会社員	入国日 2005年1月14日	
旅行目的 ☑観光 □ビジネス □公務 □その他	旅行期間 3日	同伴家族数 0人
船舶・航空機便名 JL951	出発地 東京	
韓国国内の住所 ☎( )- LOTTE HOTEL SEOUL		

◈ 申告書作成の際の留意事項

☆ 申告対象物品は裏面の該当欄に記入ください。

☆ 故意に申告をしなかったり虚偽の申告をした場合には調査を受けることとなり、調査の結果、違法行為が発見された場合には関係法規の違反として処罰を受けることもあります。

[申告対象物品]

● 外貨及びウォン貨等
- 10,000USドルを超える外貨、又はウォン貨
- 小切手、有価証券、債券等

● 海外・国内免税店で取得(無償の物を含む)あるいは購入した個人用物品(商業用品・会社用品は除く)で価格の合計額が免税範囲の400USドルを超えるもの

● 酒類、タバコ、香水
- ウイスキー・ブランデー(コニャック)・ワイン等の酒類で1本(1リットル以下で400USドル以下のもの)を超えるもの
- 巻煙200本、葉巻煙50本を超えるもの
- 香水2オンスを超えるもの

● 農林畜水産物(検疫対象)
- 胡椒・唐辛子等の農産物
- 犬・猫等の動物類
- 牛肉・豚肉・ハム等の肉類及び肉の加工品
- 種子類・苗木類・野菜類・花類・果物類(オレンジ、マンゴー、パパイヤ等)等

● 漢方薬材等
- 人参 300g、鹿茸 150g、その他の品目当たり3kgを超える漢方薬材
- 毛髪再生剤200ml、製造丸160g、鹿茸服用液 36アンプル、消炎剤150錠、人参果蜜30錠を超える漢方薬材

● 輸入が禁止された物品
- 公安、又は公序良俗を害する物品(不法・わいせつな書籍、CD 写真、ビデオテープ等)
- 政府の機密漏洩、又は諜報に供する物品
- 貨幣・有価証券等の偽造・変造・偽造品

● 輸入が制限されている物品
- 銃器・刀剣・火薬類(模造、又は装飾用を含む)
- 麻薬、向精神薬、誤用、又は濫用が憂慮される医薬品類
- 国際条約により保護の対象となる絶滅の危機に瀕した動植物及びこれらの製品(虎、コブラ、亀、鰐、珊瑚、熊の胆、麝香等)

[携帯品の課税通関]

○ 旅行者が提示した領収証の価格は特別な事情がない限り、購入価格として認められます。

○ 携帯品の免税範囲を超えて課税される場合の簡易税率は一般的に20%で、宝石・貴金属・毛皮衣類・高級時計・高級カメラ・ゴルフクラブ等は高税率が適用されます。

旅行者携帯品申告書は日本語の記載指示に従って記入しけばよい。入国の際には、税関で口頭および書面申告をしなければならない。仁川国際空港には、緑と赤のゲートがあり、旅行者はどちらかを選んで税関検査を受けることになる。申告するものが何もない旅行者は、緑色の免税ゲートへ。課税対象物品があり、事前に申告をする旅行者は、赤いランプのついている自主申告ゲートを利用する。また、日本から果物や野菜を含む植物、動物、肉類やハムなどの肉加工品を持ち込む場合は、検査をうけなければならないので注意が必要だ。

・韓国入国時の免税範囲

酒　－1本(1ℓを超えない程度)
香水　－2オンス
たばこ　－紙巻きたばこ200本、葉巻20本、
　－そのほかのたばこ250g
その他　－個人の日用品
　－業務上、直接使用する製備と道具

・申告品目

－トラベラーズチェックを含めて1万ドル以上または同等な額面の外貨
－高額の時計、カメラ、貴金属、宝石、毛皮など

・制限品目

－銃砲類、刃物、化学管理法によって制限された物品
－麻薬法および向精神医薬品管理法に違反する物品
－無線送受信機
－商業目的に使用される物品
－文化財

・禁止品目

－公共利益と伝統道徳に害を与える本、プリント物、カセットテープなど
－貨幣、債券、その他の有価証券の偽造・変造・模造品

問い合わせ先/仁川国際空港税関　032-740-3333

出国の手続き

出国時間の約2時間前から各航空会社のチェックイン・カウンターでチェックインの手続きができるので、余裕をもって空港に到着しておきたい。手荷物を預け、セキュリティチェック、出国審査となり市内の免税店で購入した免税品の受け取りもこのときに行う。ソウルでは、コエックス・モール内のシティ・エア・ターミナルなどでも搭乗手続きができる。なお、免税限度を超えた買い物をしたときは、帰国後に課税される。

Step1 空港へ

余裕をもってフライトの2時間前ぐらいまでには出発フロアへ。利用する航空会社のチェックイン・カウンターに並ぶ。

Step2 チェックイン

航空券とパスポートを提示する。機内に持ち込まない荷物を預け、クレームタグ(荷物引換書)と搭乗券を受け取る。

Step3 セキュリティチェック

手荷物のX線検査と検査ゲートによるボディチェックを受ける、金属を身につけているとブザーが鳴るので外しておこう。

Step4 税関

古美術品や朝鮮人参(紅参・人参製品1.2kg、白参10kg以上)など申告するものがある場合は税関申告書を提出。ない場合は不要。

Step5 出国審査

パスポート、出国カード、搭乗券を提示し、出国審査を受ける。パスポートのカバーは事前に取り外しておこう。

Step6 出発ロビー

付加価値税(下記)の払い戻し、免税品の受け取りもここで行う。搭乗開始時間に遅れないように搭乗ゲートへ向かおう。

• 別送品申請書

別送品とは、旅先から国際郵便や国際宅配便などで送った荷物のこと。品物の外装、送り状に「別送品」と表示し、帰国者本人を受取人とする。日本に到着したら税関へ別送品申告書を2通提出。確認印をもらったものを1通受け取り、荷物を受け取るまで保管しておくこと。

• アドバイス！

国際線利用の際には、予約の再確認(リコンファーム)が必要。通常は搭乗の72時間前までに行う。韓国～日本便ではリコンファームが不必要な航空会社が多いが、念のため予約時に確認しておこう。必要な場合は、韓国の航空会社の窓口に電話をかけ、搭乗日と便名、目的地、氏名を伝えればよい。

• 機内持ち込み手荷物の注意

審査を受ける。はさみやナイフ、カミソリ、爪切りなどの刃物は機内に持ち込むことはできないので、没収されてしまう。あらかじめチェックイン時に預ける荷物の中に入れておこう。

• 文化財の持ち出し

韓国出国に際しては、一定の文化財などの持ち出しが禁止されており、文化財に準ずる古美術品、骨董品、歴史的遺物、重要民族資料などで50年以上前のものは、あらかじめ文化財管理局の許可(非文化財確認書を受領)を受けなければならない。これに違反した場合は懲役刑を含む重い罰則が適用されるので、注意が必要だ。該当品は広範囲にわたるので、骨董品を購入する場合には店のスタッフに相談し、あらかじめ必要な手続きをしておくほうが賢明。

付加価値税(VAT)還付の手続き

韓国ではほぼすべての物品やサービスに10%の付加価値税が含まれている。ただし、グローバル・リファンドの免税システムに加盟している店(同一店舗)で外国人が1日3万W以上の買い物をした場合、手数料を引いた5～8%程度の額が払い戻されるという制度がある。これを利用するためには、購入の際に店でパスポートを提示し、免税書類(グローバル・リファンド・チェック)を作成してもらい、出国時に税関で免税書類に確認印を押してもらわないと無効になるので注意しよう。払い戻しは現金やクレジットカード口座への振込、銀行小切手のなかから選ぶ。

仁川国際空港(ソウル)

ソウルの空の玄関として、2001年3月29日に開港した。ソウルから西に52kmの永宗島にあり、地上4階、地下2階建てで、アジア有数の規模を誇る大型空港。世界のほとんどの主要都市へ便がある。ターミナルはひとつで、国際線と一部の国内線が運行している。施設は、百貨点やコンビニエンスストア、書店、免税点など充実しており、レストランやカフェも多い。

ターミナルの便利な施設

出発＆到着時にできること

両替所 (地下1階・1・2・3階)	各フロアに銀行の両替所があり、税関を出てすぐ先の出口わきにある両替所は24時間営業している。銀行が業務を行っているので、どこのカウンターで両替してもレートはあまり変わらない。最小限必要な額はここで両替しておこう。
インフォメーション (1・3階)	24時間営業で「JAPANESE」のバッジを胸に付けたスタッフが日本語で対応してくれるので安心。1階には韓国観光公社やホテル、ツアー、交通機関などの各種案内カウンターがある。
携帯電話レンタルカウンター (1階)	SKテレコムをはじめ4社のレンタルカウンターがある。SKテレコムではレンタル料が1日3000W、通話料金は韓国国内600W/1分で、料金は後払い。アシアナ航空では無料レンタル(通話料は別途)も行っている(要予約)

情報通信センター (2階)	2階の中央郵便局の隣にありインターネット、電話、ファクスなどの通信サービスが利用できるので、ソウルの情報収集に役立つでしょう。日本語でのメールも送信可能。到着の知らせを友人にメールで送ってみては。営業時間は7～20時。
インターネットラウンジ (2・3・4階)	空港内の各フロアに復数あり、出国審査前も後も利用できる。2階のグラスブリッジB・E前と3階の免税エリア24番と41番の搭乗口わき、4階のサービス施設フロアにある営業時間は2階が8時～19時30分、3・4階が 7 ～20時。

出発時にできること

キッズルーム (3階)	3歳から8歳の子供のためのスペース。簡単なおもちゃなどが備えてあり、24時間オーフンしているので子供連れの旅行者には便利だ。出発ロビーの東西2ヶ所にあるので、出国審査を済ませてからでないと利用できない。
免税手続き (3階)	免税店以外での買い物には付加価値税(VAT10％)が課せられている。TAX FREE SHOPPINGのマークがある指定店で1日に3万W以上の買い物をした場合、免税書類を店で作ってもらえば、払い戻しが受けられる。
免税品引き渡し所 (3階)	旅行中に市内の免税店で購入した免税品の引き渡しを受けるカウンター。購入時に受け取った引換券を渡し、商品を受け取る。受け取ったら開封してOKなので、念のため中身が間違っていないか確かめておくとよい。
宅配サービス (1・3階)	1階到着フロアの両端と3階チェックイン・カウンターB・Mの奥に宅配サービスカウンターがある。旅行中に購入したものがかさばって不便なときなど、この宅配サービスを利用すれば、自宅まで送ることができて便利だ。

フェリーでの出入国

日本から韓国への船便は博多、広島、大阪、下関、対馬から釜山へ運行している。釜山国際旅客ターミナルは市内中心部から近く、到着後もスムーズ。切符の予約は各船会社のホームページででき、ＪＲ線とセットの日韓共同切符もある。釜山の港湾使用料2200Wは切符代に含まれている。出発の1時間30分前までに到着したい。

日本からフェリーで

・博多港

ーコビー　毎日3便(冬季は２便)　9:00, 12:30, 16:00発　所要時間/2時間55分
未来高速　092-282-7888(日本)　051-441-8200(釜山)　www.mirejet.com/jp

ービートル、ジェビ　毎日4便(曜日により変更。要問い合わせ)
8:30, 9:30, 12:00, 15:30発　所要時間/2時間55分
092-281-2315(日本)　051-465-6111(釜山)　www.jrkyushu.co.jp/beetle

ーニューカメリア　週6便　月～土曜12:30発　所要時間/博多～釜山約5時間30分、釜山～博多約12時間
カメリアライン
092-262-2323(日本)　051-466-7799(釜山)　www.camellia-line.co.jp/

・広島港

ー銀河(ウンハ)　週3～4便　隔日17:00発　所要時間/約16時間
釜関フェリー総代理店　山九
082-250-3339(日本)　051-464-2700(釜山)　www.pukwan-jpn.net/

ー大阪港
パンスタードリーム　週3便　月・水・金曜16:00発　所要時間/約18時間
パンスターライン
06-6271-8830(日本)　051-469-6131(釜山)　www.panstarline.com/jpn/

・下関港

ーソン・ヒー号、はまゆう号　毎日1便(時期により2日に1便)
19:00発　所要時間/13時間30分
関釜フェリー
0832-24-3000(日本・電話予約は不可)　051-464-2700(釜山)　www.kampuferry.co.jp/

□ 著者略歴 □

■ 金慶淑(キム ケイ シュク)

• 学 歴
首都女子師範大学 卒業
ソウル慶熙大学 大学院 経営学 修士
日本 東京学芸大学 大学院 教育学 修士
大邱大学 大学院 経営学 博士

• 職 歴
日本 日本東京外国語専門学校 韓国語科 講師
日本 東京学芸大学 韓国語科 講師
韓国 永進専門大学 観光通訳科 講師
韓国 東州大学 観光通訳科 講師
韓国 東釜山大学 国際観光科 教授
現) 日本 別府大学 地域総合科学科 教授

• 著 書
日本語基礎
楽しく学ぶ日本語 I・II
日本事情
一夕四鳥日本語(常用漢字編 I・必修漢字編 II)
ホテル実務日本語会話
観光サービス日本語(飲食編・客室編)
ホテル経営実務
ホテル実務サービス
飲料酒場管理
ホテル用語辞典
カナハングル I・II
もしもし 韓国語 I
他論文, 著書多数

여보세요 한국어(II)

1판 2쇄 발행　　2008년 9월 25일

저 자 김 경 숙
발행인 남 승 우

발행처 남南두斗도図서書

서울특별시 동작구 사당3동 220-43
TEL : (02)595-1692~4
FAX : (02)595-1394
E-mail : namdoo6@unitel.co.kr
신고 : 5-76호 (1998. 11. 4)

정가 16,000 원

ISBN 89-5780-069-7 13710
ISBN 978-89-5780-069-0 13710
ISBN 89-5780-067-0 (세트)